韓国人が暴く黒《くろ》韓《かん》史《し》

シンシアリー
SincereLEE

はじめに――韓国の「反日思想」はどこから始まり、どこまで来ているのか？

「はじめてお目にかかります」と申すべきか、それとも「またお会いできて嬉しゅうございます」か、それはわかりません。ただ、私には貴方の顔が見えなくても、貴方には私の文が見えています。今この関係が成立していることに、感謝いたします。

私は韓国人です。韓国で生まれ、育ちました。今は小さな歯科医院をやっています。名はシンシアリー（Sincere LEE）ということにしてください。

併合時代を生きた母の話や、幼くしてある程度は日本語ができたことなどから、私は韓国の反日思想に強い疑問を持つようになり、ある時から「シンシアリーのブログ」という、韓国の反日を皮肉る内容のブログを日本語で書くことになりました。

お陰様で評判も良く、今はこうして扶桑社の皆さんの力を借りて本を書くことになり、韓国のある全国紙に「シンシアリーは実名を明かしたらどうだ」という記事が載るまでになりました。

李明博（イ・ミョンバク）前大統領の天皇屈辱発言や竹島上陸が続いた頃……これではいけない、反日は間違っているという内容の原稿（韓国語）をもって、当てもなく、小さな出版社が集まっているソウルのある通りを転々としたことがあります。

そこで、某社の方から「責任が持てません」という一言に妙な重さを感じ、諦めたのが二〇一二年の年末。扶桑社の方から書籍化の依頼を頂いたのが、二〇一四年一月です。

それは、自分の意思を実現できたか、できなかったかの問題ではありません。やってみたか、やらずに諦めたかの問題です。「断る理由などありません」と返事をし、日本語で原稿を書くようになりました。

それが、私にとっては思いがけないことに日本の三十万人もの方が読んでくださった『韓国人による恥韓論』『韓国人による沈韓論』となり、そして三冊目が、貴方が読んでくださっているこの本です。

前の二冊を「事例」からの分析とするなら、本書は「思想からの分析」になります。人が成すさまざまな「事」の「例」には、「思想」が少なからず影響を及ぼします。思想に触れることで、各事例の繋がりを理解することができるでしょう。

「共感」と「洗脳」の差をご存じですか？

共感は「別の選択」が存在すると認めているからこそ、「共にする」を呼びかける必要があります。洗脳は別の選択が存在しない前提で成立します。別の選択を認めた時点で、洗脳は崩壊します。

韓国で反日というのは、単純に（国民として共感すべき）公憤を超え、今は洗脳の領域にまで来てしまいました。

それはどこから始まったのか、どこまで来ているのか？

私は、日本の皆さんに、それを知ってほしいです。

この本が、そのために何かの役に立つことを切に願いながら、これから、朝鮮半島の反日思想にまつわる話を始めたいと思います。

二〇一五年　一月　韓国にて

シンシアリー

目次

第七章　朴槿恵政権が「強権的」である理由

目次

第八章　反日韓国と日本外交の行方

序章　韓国に巣食う「正統性」という名の亡霊

「群盲評象」からの脱却

「群盲評象（＝群盲象を評する）」という言葉をご存じでしょうか。

ある日、数人の盲人たちが、象に触れることになりました。盲人たちはそれぞれ、象に触り、「象とはこんなものだ」と感想を話しました。しかし、象の尻尾に触った人は「象とは、まるで箒《ほうき》のようだ」と言うし、足に触った人は「違う。まるで柱のようだった」と言いました。牙に触った人は「象って大きな角のようだ」と、鼻に触った人は「何を言っている。象とは太いロープのようなものだよ」と主張しました。

しかし、言い争いのあと、それが「大きな一つの存在のそれぞれ別の部位」であることに気づき、喧嘩を止め、やっと話がまとまりました。別々の部分的観点からの理解だけでは、物事の本質を把握できないというインドの寓話です。それもそのはず、繋がってこその一つですから。

ずいぶん前のことですが、ある患者さんが、難しい顔で来院しました。聞くところ、下顎の奥歯のほうに痛みがあって職場の近くの歯科で治療を受けたものの、あまり効果がなく、仕方なく別の歯科で治療を受けたが、それでも効果がなく、ここまで来た、と。患者は歯科医師そのものに対してかなり不信を抱くようになっていて、「あいつら、いい加減な治療をしやがって」と、歯科医院名までいちいち口にしながら文句を言っていました。多くの場合、それは前の歯医者さんたちではなく、「私」に言っているだけです。「あんたはちゃんとするだろうな」という意味です。

奥歯のほうは確かに虫歯を削り、歯の神経を取り出す治療の痕跡がありましたが、別に手抜きでやったようには見えませんでした。そこで、デンタルレントゲン写真を撮ってみました。歯科でもっとも多用する検査方法です。歯が三～四本写っている小さなX-RAY写真、歯科でご覧になったことあるでしょう。韓国では歯根の先端周辺を撮るという意味で「ペリエイピカル」と言います。

ですが、異常が見当たりません。「それ（レントゲン）、十回はやりましたけど、問題ないとばかり」と、患者も呆れているようでした。なるほど。そう、こういう場合はほとんど決まっています。「歯」の問題ではありません。もっと広い範囲を見る必要があります。

当時、デジタル化がブームだったパノラマレントゲン写真を撮ってみることにしました。パノラマは歯だけでなく、上顎と下顎の全体像がわかるレントゲン写真です。顎の中の親知らずまで、すべて撮影できます。

すると、驚くことに、原因は「歯牙腫《しがしゅ》」でした。歯牙腫とは、歯によく似た硬組織の腫瘍です。小さな歯のようなものが何本も顎の中に存在する形になります。そういえば、二〇一四年の夏、インドでは十七歳の少年の下顎から大小二百三十二本の歯牙腫を摘出する大手術が施され、患者には嬉しくない世界記録として報告されたりもしました。

あの患者さんは顎の奥（奥歯よりもっと奥のほう）に、そこそこ多くの歯牙腫が発生していたのですが、その部位には何の痛みも感じませんでした。それが歯にも繋がっている下顎神経を圧迫して、患者は「歯が痛い」としか認識していなかったのです。よりによってそっちの奥歯に虫歯があったため、前の歯医者さんは顎の中までは気づかず、奥歯の治療だけをした……という流れが、なんとなく推測できました。

でも、虫歯の痕跡は歯の深いところまであったので、前の歯医者さんの治療も、決して無意味なものではなかったと思います。パノラマレントゲンを見せると、患者は驚愕。大学病院の口腔外科を訪れて摘出手術を受けないといけないことも含めて、自分なりに説明し、患者もそれで納得してくれました。

韓国の「民族正統性」はどこに向かうのか

各部位、各要素が繋がって一つを成していると気づくとき、私たちは「全体像（象？）」という言葉に辿《たど》り着きます。それは、「一つのまとまりとしての捉え方」を意味します。それを持って、新しい見方が掴めることもあります。

皆さんもよくご存じのはずですが、韓国の「反日思想」を現す事例なら無数にあります。二十万人の女性が性奴隷にされたというセンセーショナルなものから、日帝が民族の精気を絶つために国土に呪いの杭を刺したというオカルトなものまで。いちいち並べるとキリがないでしょう。ちゃんとした「情報発信源（韓国の新聞記事など）」を明記してネットに上がってくる事例だけでも、一年にどれだけの数になるのか、想像もできません。

私も今まで、『韓国人による恥韓論』や『韓国人による沈韓論』などで、いろいろなことを書いてきました。

韓国は反日思想によって生まれた国であると示している憲法前文の存在から、反共思想の弱体化による反日思想の強化、世代が変わるにつれて反日思想はさらに悪化していくだろうという話、さまざまな社会問題を精神的に抑えるためにも反日が必要で、本当は反日とは韓国内部の問題を映しているにすぎないという実態、そんな韓国とは基本的に距離を取る外交（擦り寄ることなく、基本だけに忠実な外交）を心掛ける必要があるという内容まで、自分なりに書くべきことを書いたつもりです。

三冊目となる本書は、もう少し「まとまり」、全体像を捉えるために、自分なりに努力した結果となります。

全体像、「一つのまとまり」として反日思想を説明するのはそう簡単なことではありません。相手が「思想」である時点で、具体的に説明できる術はないに等しいでしょう。しかし、うっすらとお見せする方法なら、あるかもしれない……そう思って、いろいろな物を調べ、振り返ってみました。

歪んだ儒教思想、韓国式民族主義、三・一運動と臨時政府、その臨時政府が現在の韓国にもたらしたもの、現政権と韓国の歴史の共通点、そしてなにより、私がこの国に生まれ、育ち、見て聞いて感じたさまざまな経験を。

そして、これらが反日思想たる「象」のそれぞれの部位であり、お互いが繋がっていると気づいた時、浮かび上がってくるものがありました。

「正統性」という名の、この朝鮮半島の歴史の至る所に根を下ろしている、「亡霊」の存在です。

本書では、主に「民族正統性」という言葉で、これから何度も登場することになります。それは、どこから来て、どこへ向かうのでしょうか。それとも、もうどこかに着いてしまったのでしょうか。歴史、思想、根拠、正統性……これらの言葉が私の身に余る重さであることは百も承知ですが、これから、その亡霊に対する、自分なりの精一杯の考察を書いていきたいと思います。

第一章　韓国人が天皇の存在に怯える理由

第一節 「日本人の自己否定への道」

天皇を「あってはならない存在」と決めつけてきた韓国

二〇一二年八月二十九日の「韓国日報」に、一応専門家の意見として、「歴史歪曲・妄言の半世紀……帝国主義を忘れられずにいる日本に反省の意志などない」という記事が掲載されました。そして、記事の流れからしてその歴史歪曲や妄言、帝国主義とやらの「主犯」として叩かれていたのは、なぜか「天皇」でした。該当部分をまとめてみます。

・過去の問題について根本的責任を負うべきは、日王だ
・日王というものが存続する限り、日本人は自己否定ができない
・自己否定できないから、過去の歴史の過ちを認めるには限界がある
・よって、韓日関係は今後も衝突を繰り返す可能性が高い

毎日のように「日本は悪い」という内容が、放送、教育、エンターテイメント、さまざまな分野で溢れ出る韓国。この国で反日記事を見つけるのは難しいことではありません。天皇を格下の存在とするために「日王」と書くのもよくあることです。

しかし、この記事には注目すべき部分があります。「天皇という存在を打ち切ること（皇室の断絶）」と「日本人の自己否定への道」を同一のものとする主張です。

二〇一三年五月十八日、東亜日報が載せた「日本の右傾化の根本には天皇制がある」という記事からも、同じ考えを垣間見ることができます。

今もそうですが、とくに当時は、韓国では全てのマスコミが右傾化、軍事大国化、極右総理、そういう刺激的な言葉で始まったばかりの安倍内閣や日本そのものを叩いていました。よって、右傾化という言葉が一層悪い意味になっていた頃でもあります。

・日本人の心の中には日王という存在があり、それが右傾化の根本である
・ヒロヒト日王は第二次世界大戦の事実的な責任者でありながら、生涯、反省などしたことがない
・（連合軍による）彼への免責が問題だった。戦後、天皇を裁いていたら、今のような右

傾化はなかったはずだ

韓国は、前から、反日思想の中で、天皇を「あってはならない存在」と決めつけてきました。もう一つ、東亜日報の一九八九年一月七日（昭和天皇の崩御された日）の記事まで、時間を遡《さかのぼ》ってみましょう。

・ヒロヒト日王の生涯は日本現代史そのままであった
・韓国を植民地にした日本側の最高責任者で戦争を起こした張本人である
・ヒトラー、ムッソリーニと同じく戦争最高責任者であり、その中でももっとも長寿した
・一九八三年、全斗煥（チョン・ドゥファン）大統領の訪日の時に過去史を遺憾に思うと間接的に謝罪したが、これは外交文書による公式謝罪には及ばないし、植民統治の責任者だった彼は反省の記録を残していない
・歴史歪曲、在日同胞の法的地位問題、原爆被害者、サハリン残留僑胞（在外韓国人・朝鮮人）、文化財返還問題などいつでも外交問題になれる案件、そして創氏改名など苦しい記憶などは究極的に彼の責任であるだけに、彼の死を見る我らの感情は思わしくない

これらは大学教授など、主に専門家（を名乗る人）たちによる主張でしたが、二〇一二年には、なんと大統領自ら天皇を侮辱する発言をしたこともあります。

二〇一二年八月十五日のソウル日報などによると、李明博（イ・ミョンバク）前大統領は「日王が韓国に来たいなら、痛惜の念とかいうわけのわからない言葉を持ってくるのではなく、まずは独立運動家たちを回って跪《ひざまず》いて謝るべきだ」と話しました。

「跪いて」は大統領府の記録からは削除されましたが、元々教員大学校というところで公開的に話した内容であり、すでにマスコミなどに伝わった（漏れた）あとでした。この件は同じく李明博大統領の竹島（韓国で言う「独島」）上陸とともに、大きな騒ぎになりました。

私が運営している「シンシアリーのブログ」の読者の中にも、この件をきっかけに韓国の異常さに気づいたという人が大勢います。

「日本が日本以外のものになってしまうこと」

「痛惜の念」というのは、一九九〇年五月に訪日した韓国の盧泰愚（ノ・テウ）元大統領への、今上天皇のお言葉です。宮内庁のサイトに保存されている「主な式典におけるおことば（平成二年）」の「天皇陛下のおことば」によると、次のようです。

「朝鮮半島と我が国との長く豊かな交流の歴史を振り返るとき、昭和天皇が〝今世紀の一時期において、両国の間に不幸な過去が存したことは誠に遺憾であり、再び繰り返されてはならない〟と述べられたことを思い起こします。我が国によってもたらされたこの不幸な時期に、貴国の人々が味わわれた苦しみを思い、私は痛惜の念を禁じえません」

李明博大統領は、このお言葉のどこがそんなに気に入らなかったのでしょうか？

私は、韓国の反日記事、とくにこういう天皇批判の主張を読むたびに、「韓国は、日本の持つ〈正統性〉を打ち切りたがっているようだ」と憂います。

表現としては違うものの、前の記事で日本に要求している「自己否定」たるものも、建設的な意味ではありません。日本の正統性が継続しないこと、言い換えれば「日本が日本以外のものになってしまうこと」を意味すると見ていいでしょう。

第二節　韓国人にとっての悪しき「正統性」

「正統性」と「正当性」の違い

「正統性」について、まずは説明が要るのではと思います。

ブログのコメント欄などで聞くには、日本では「正統性」と「正当性」が同じ意味のようですね。韓国でも行政上の用語としては正統性と正当性が同じ意味だとされていますが、本書で言う「正統性」は、「正当性」とは違う概念になります。

ここで言う正統性、及びその継承は、複雑な歴史的経緯によって、韓国・韓国人には格別な意味を持っています。

正統性の辞書的意味は、出版社によって千差万別ですが、その中で、本書の趣旨にもっとも近いものを一つ紹介しましょう。

高麗大学校の民族文化研究院が出版した「韓国語大辞典」によると、正統性とは〈統治される人に、その権力支配を承認させ、体制を可能にしている論理的、心理的概念や根拠〉になります。

例文として、「世界にはまだ正統性が足りない政権により不安定な国が多い」、「正統性が欠如した政権であるほど、強権統治に流れるように決まっている」、「新羅の正統性を強調するために百済史を貶《おとし》めるのは間違っている」などなどがあります。これらは、どれも、討論番組、または韓国史関連の本などで、一度は聞いたことのある内容です。

ある民主主義国家で、大統領選挙がありました。安保のために軍事支出を増やすべきだとするA候補と、安保のためにむしろ軍事支出を減らして平和を示すべきだと主張するB候補が争いました。結果、国民の七十％がA候補を、三十％がB候補を支持しました。Aは大統領になりました。

ここで三十％の人たちの意見は、選挙で負けたから「正当ではなかった」のでしょうか。Bを支持した三十％の国民は、Bの意見こそが「正当なものだ」と思っていました。彼らが指導者に求めていた「正当性」は軍事支出を減らすことにあります。それは、彼らの正義です。彼らは嘘なんかついていません。悪いことをしたわけでもありません。

しかし、彼ら三十％の国民にとっても、大統領はAです。ちゃんとしたプロセスを経て、民主主義たる明確な根拠の下にAが大統領になったから、その国の「正統性」を持つ指導者は、軍事支出を増やすAです。Bを支持した三十%の人たちも、その根拠には逆らえず、ブツブツと文句言いながらも、Aを大統領と認めることでしょう。国家システムをまるっきり書き換える革命か何かでも起こせるほど、力と名分があるなら話は別ですが。

「正統性」の定義とは

この「根拠」というものが、正統性に繋がります。

「正当性（justness）」は「正義（justice）」と同じ語源を持ちますが、「正統性（legitimacy）」は「合法（legality）」と同じ語源を持ちます。正当性は「主観性」だけでも成立しますが、正統性には「客観性」が必要です。

いつどこの国家でも「支配する層」と「支配される層」が分かれるのは仕方ないとして、支配される側は、いや支配するほうもまた、支配する・されるに相応《ふさわ》しい「揺るぎない根拠」が欲しいわけです。その根拠になれるのが「正統性」です。

では、正統性は「合法性」「法的根拠」と同じ意味でいいのか？　というと、そう簡単な話でもなく、その定義はなかなか難しいものです。というより、「ちゃんとした定義があるのか？」すら疑問です。

とくに、今は「法を統治の根拠とする国」が多いから合法という言葉がそのまま「根拠‼（ほぼ等しい）正統性」と直結していますが、昔はもっと曖昧でした。

マックス・ウェーバー（Max Weber／一八六四～一九二〇／ドイツの社会学・経済学者）は、「正統性」には三つの部類となる根拠が必要だと主張しました。

一・伝統的根拠
二・カリスマ的根拠
三・合法的根拠

一は歴史ある王国で王が王子に王位を譲った、などという類で、二は良く言えば民から愛されている指導者という見方もできますが、悪く言えば権力の聖域化（独裁者の出現）も含まれます。

そして、今どきの国家において正統性が問題になるなら、ほとんどは三に関わることでしょう。また、これらは、単独的ではなく、複合的に機能します。

なるほどわからん……という方でも、別に気にしないでください。本書は「正統性と正当性の差についてA4用紙百枚で短く述べよ」というような内容ではありませんので、大まかな理解でOKです。

正統性は別に国家だけに存在するわけでもありません。歴史に関する論争などで、日本側は韓国側の主張に「根拠は何だ？」とよく言うではないですか。そこでいう「（論争に参加した人たちが納得できるような）根拠」も、狭い範囲ではありますが、正統性と通じる概念だと思ってください。

歪んだ「序列意識」の源泉

韓国人は、個人の、集団の、国家の、そして民族の正統性を物凄く大事にします。そのまま「権利・権力」と正統性を同一視したりもします。

ここで、朝鮮時代を背景にした喩え話を通じて（今でも人によってはそう変わっていないようですが）、韓国人の持つ思想の中でも代表的とされる「儒教思想」の立場から、正統性の「力」たる側面を見てみましょう。

※『恥韓論』でも同じことを書きましたが、本書でも「儒教」「キリスト教」などいくつかの宗教の話が出てきます。しかし、それは朝鮮半島で歪んでしまった儒教やキリスト教的な思想を意味するものであり、決して宗教や信仰そのものを指しているわけではないと、早めに書いておきたいと思います。

あるお金持ちの貴族に二人の息子がいたと仮定します。

一人は嫡流《ちゃくりゅう》の子で、乱暴で遊んでばかりでとても父の仕事を受け継ぐには相応しくない男でした。もう一人は庶流《しょりゅう》の子（庶子。正妻ではない、妾腹の子）で、人徳があり仕事も上手で、町の人気者でした。大勢の人たちが、庶流の子が仕事を継いでくれればいいのに、と願いました。お金持ちは仕事と、それに関連した遺産などを誰に譲るべきでしょうか？

普通に考えると、庶流の子だと思われるでしょう。しかし、結果は違います。他の国ではどうなのかわかりませんが、朝鮮の儒教では、無条件で嫡流が権利を持っていました。養子縁組などは、基本的に認められません。

だから嫡流の子は「正統性」で勝っています。この喩え話の中で実際に遺産と仕事を継ぐのは、嫡流の子になります。庶流の子に継いでほしいと思っていた人たちも、残念だけどこれで当然だと、文句が言えません。余談ですが、文武に優れた庶流の子が差別に怒り、家を出て盗賊になる「洪吉童（ホン・ギルトン）伝」という有名な小説もあります。

この喩え話では、嫡流なのか、庶流なのかを決める正統性こそが、権利を左右します。

そのためか、韓国では嫡流を嫡「統」と書きます。これが儒教思想的にいかに大事なことなのか、おわかりでしょうか。

正統性は、すなわち「人より上に立てる（嫡流になれる）」力でもあるのです。逆に、正統性がないと、「格下（庶流）」になってしまいます。

このような思想が代々伝わってきたからか、韓国人にとって正統性というものは、そのまま権利、または権力という、視野の狭い意味を持っていたりします。この考え方は、何事も序列をつけないと気が済まない、韓国人の歪んだ序列意識にも関わっています。

韓国が日本を見下す片腹痛い「根拠」

ネットなどで有名ですが、「小中華思想」というものがあります。

小中華思想とは、「中国を父、韓国を兄、日本を弟」とする見方を意味します。儒教では、子は親に、弟は兄に逆らえません。とくに長男の場合は、父の全ての権力を譲り受ける権利を持っていました。先の喩え話の「嫡流と庶流」と同じ意味を持っています。日本は、（中国の諸侯国として中国に仕えた）韓国より正統性で負けている。だから韓国のほうがもっと上であり、大きな権利を持っている。そういうことです。

くだらない話ですが、これが朝鮮半島の人たちが日本を見下す、昔の「根拠」の一つでした。

そして、その「正統性＝〈力〉」が途切れず、ずっと繋がってきたこと。それは韓国人にとって本当に憧れそのものです。国も個人も、同じです。

韓国にいらしたことのある方なら、食堂（飯店）などが並んでいる通りで、「元祖」という看板をご覧になったはずです。あるメニュー（料理）において、うちの店が元祖です！　という意味です。最近はちょっと大人しくなりましたが、一時はこの元祖表記が溢れ過ぎて、「元祖でないほうを探すのが難しい」とまで言われました。店同士の告訴合戦も少なくなかったと記憶しています。

元祖というのは、ここでは「一番最初に始めた」という意味で、ニュアンス的に「オリジン」または「始祖」のことです。

何かの料理やメニューがヒットしたという噂が流れると、どいつもこいつも同じものを作って売り出します。そして、看板に「元祖」と書きます。とりあえず「私たちのほうが先に始めた」とゴリ押しすることによって、その料理の正統性を確保したいからです。庶民たちの話だけではありません。大企業の商品でも同じことがあったりします。

外国、とくに日本の文化に対して「起源」を主張することで有名な韓国の態度と似ていると思いませんか？　ここで言う「起源」と「元祖」は、限りなく同じ意味になります。もちろん、これはデタラメです。正統性を主張しながらも、根拠が弱いからです。

第三節　日本が日本たる〈永遠の正統性〉

伝統、カリスマ、合法―それら全てを満たす存在

韓国は、「天皇」という存在から、日本の正統性と、その継続性を見出しています。

伝統、カリスマ、合法。それら全てを満たしながら（これがとくに珍しいことだと思います）日本という国が日本として今まで繋がってきた、本物の正統性を。敗戦を経験しながらも、日本が日本で在り続けた理由。

韓国は、天皇という存在がその正統性の中心にあると判断し、天皇を悪しき存在、あってはならない存在だと非難することで、日本そのものを「何か別のもの」、または正統性を持たない「格下のもの（庶流）」にしたがっているのです。そう、「天皇を日王と書く」こととまったく同じ心理です。

日本の正統性を皇室「だけ」で見出そうとすることに抵抗感をお持ちの方もおられるでしょうから、もう一つの例として、日本の国歌である「君が代」に関わる出来事を一つ書

いておきます。

韓国が垂涎する「君が代」が象徴するもの

二〇一四年十月二十七日、ＪＴＢＣ（中央日報系列の総合編成チャンネル）の「非正常会談」というバラエティー番組で、主に韓国内で活動している日本人俳優が出演する際に、ＢＧＭとして「君が代」が流れました。

これが「なぜ日本の国歌なんかテレビで流すんだ」と叩かれて、ついには制作側が「不適切な音源が使用されたこと」を公式謝罪することになりました。ちゃんと外交関係を持っている国の国歌が「不適切」とは、すごい話ですね。クリントン元大統領の浮気騒ぎの時、「不適切（な関係）」というセリフが有名になったこともあります。

この件について、十月二十九日、地上波放送局であるＳＢＳの「ＳＢＳ展望台」というコーナーで、中央大学のノ・ドンウン教授と番組進行者が次のように話しています。

・「君が代」は日本植民地時代に、私たち民族の民族性を抹殺するための手段だった

・良心のある日本人の中には「君が代」の内容に問題が多いとして、国歌として認めていないといわれているほどだ
・スポーツ大会のような国際的なイベントでは仕方ないにせよ、そうでもないのに地上波で流したりすると、その侵略戦争の象徴を、私たちが認めることになる
・日本の天皇がこれまで代々、今後も永遠に続く（日本はそのような）国だ、という意味
・日の丸、君が代、靖国神社、天皇、自衛隊。この五つが日本の（侵略の）象徴
・これらを認めると、独島（竹島）が日本の領土だと私たちが認めるようなものだ

その後、「非正常会談」のスポンサーたちは次々と番組から降り、責任者兼演出者が職務解任、更迭されることになります。

「君が代は／千代に八千代に／さざれ石の／いわおとなりて／こけのむすまで」

皇室を歌ったのか、何かの信仰を歌ったのか、昔の「当たり前のラブソング」恋歌だったのか、説はいろいろあるようですが、右の記事での解釈のように天皇を歌ったものだとすると、この内容こそが、〈永遠の正統性〉そのものです。

韓国が、喉からクレジットカードが出てくるほど欲しがっているものでもあります。

後述しますが、朝鮮半島の民族主義が、その象徴として「檀君《だんくん》」を持ちだしたこととの対比のために、主に「天皇」について書きましたが、国旗も、国歌も、その守り人たちも同じです。それらを否定する時点で、「国」たる日本は存在できません。この「不適切な」騒ぎもまた、日本の正統性を否定したい韓国の内心の現れでありましょう。

外国人である私にとっての天皇

余談ですが、外国人の私が天皇についてどう思っているのか？　というと……信仰を持っている人は、神が存在する証拠の一つとして、人間が本能的に持っている「大自然への敬意の念」を挙げることがあります。信仰を失って久しい私が言うのもなんですが、そういう感覚に似ています。

きれいな水が好きで、渓谷や海の写真を撮るためにいろいろな所をまわってみたりしますが、海辺や渓谷の中を適当に歩いていると、何気ないところから敬意の念を感じることがあります。単に景色が良いとかそういうことではなく、この場合は「大」自然と言うほどのものでもありませんが……。うまく言えませんが、まるで学校の先生か年上の人に見られている（礼儀に気を遣うようになる）というか、そんな感覚に包まれる時があります。

そして、そんなところにゴミなどが落ちていたりすると、捨てた人を見つけ出して一発殴ってやりたくなります。

たぶん、日本人の精神世界の中の天皇とはそういうものではないかな？　とは思っていますが、外国人の私に理解できるはずもなく、ムズカシイデスネ。

第二章　「民族正統性」の亡者が「反日」を生んだ

第一節「自分から見て正しい歴史だけを受け入れる」

「根拠」を「正しさ」から求めるという愚行

さて、それでは、「よくわからんが、正統性とやらをそこまで気にしているからには、韓国は正統性を大事に守っているのだろうな。ちゃんと正統性が継続してきたのだろうな、な？（顔が近い）」という話になりますが……結論から言うと、違います。

韓国人は、「根拠」を「正しさ」から求めます。正統性というものが成立できる国柄ではありません。

根拠というものは、「正しい」かどうかで決まるものではありません。

例えば、ＡとＢが喧嘩をしました。裁判沙汰になって、法的に、ＡがＢに五万円払うことで決着をつけました。Ａは黙々とＢに五万円を払いました。しかし、十年後にＢがＡの前に現れて、こう主張しました。

「十年前の賠償金だが、金額が少なすぎた。これは正しいことではない。お前は俺に追加で五十万円払わないといけない」

自分に正しいことは、他の人にも正しいのでしょうか？　もしその「正しさ」とやらが、一方的に作られたもので、それが両方の「法的決まり」を守らないとなると、その正しさは「正しい」を主張できるのでしょうか。そんなものが、「根拠」になるはずがありません。


日本人と韓国人の意識の差が、根本的にここにあります。

本書とは趣旨がかなり違うので恐縮ですが、ここで、二〇一四年二月六日の毎日新聞に載っている小此木政夫・九州大学特任教授のインタビューの一部を引用したいと思います。

・（韓国と日本においての「法意識」の差について）
「日本は、合意の内容より『守る』ことを重視する。韓国では、道徳的に『正しいかどうか』の内容が重要で、正しくないなら事後的にでも正すべきだとなる」
・（正しさを追求する理由について）
「近世までの朝鮮は、経済的に豊かではなく、軍事的に強大でもなかった。中国の儒教文化の強い影響下にあったこともあり『何が正しいか』という名分論で自分たちの正統性を主張するしかなかった。それが『正しさ』を求める伝統を生んだのではないか」

正しいという考えを共有している集団内でのことなら、それでいいかもしれません。しかし、境界線を超えるから問題になります。

韓国は、「基本条約で賠償は終わったとなっているけど、日本はさらに賠償すべきだ」と主張しています（この件は、あとで詳述いたします）。日本側は「条約を無視するその主張の根拠は何だ?」と聞きます。すると韓国はこう答えます。「それが正しいからだ」。

韓国内で「東海」と呼ぶならそれでいいですが、他の国に対してまで「日本海ではなく、東海と書くべきだ」と主張する（日本海表記問題）のも同じです。他の国（とくに日本）にも同じ「正しさ」を強要しているのです。

このように、「正しい」を「根拠」としたデタラメな主張が、そのまま反日という「正統性〈逆らえない根拠〉」を作り出しています。そして、日本が従わないと、韓国は怒ります。「こちらに正統性があるのに、なぜ従わない⁉」。言うまでもなく、日本から見るとそんなものは正統性でも根拠でも何でもありません。

正統性なき「集団」は強権になる

先の辞典の例文にもありましたが、正統性というのは不思議で、正統性がちゃんとしていないほど、その集団（個人もそうですが）は強権的になります。

言い換えれば、自分と違う意見（自分の正しさに一方的に同調しないこと）に耐えられず、よく怒ります。韓国がそうです。

韓国が自分の正統性を大事に守ってきた、またはまともに認識しているのなら、正統性というものをここまで気にする必要もなかったでしょう。韓国が正統性に関する論争、とくに近代・現代史での正統性問題をタブーとしているのもそのためです。日本の正統性を壊したいと思うのは、自分自身の正統性に自信がないからである、とも言えますね。

韓国、いや歴代朝鮮半島の国々は、自分の正統性を他国に頼り、それに邪魔となる過去の正統性を抹殺してきました。「不利な歴史は認めずに全否定する＝自分から見て正しい歴史だけを受け入れる」の繰り返しでした。

今でも続いている、私の国の悪い癖です。

既存の執権勢力を抹殺した朝鮮建国の太祖・李成桂

もう少し詳しく書くには、まず儒教思想が朝鮮半島の人々にどのような影響を与えたかの説明が必要ですから、朝鮮を建国した太祖・李成桂（イ・ソンゲ）の話から始めてみましょう。

当時の中国大陸では「元《げん》」国の力が弱まる一方、「明《みん》」国の力が台頭していました。当時の朝鮮半島には「高麗《こうらい》」という国がありましたが、高麗は長く事大してきた元に肩入れすると決め、一三八八年、明を討つために「遼東征伐」を計画し、武将の李成桂を進軍させます。

しかし、明のほうに付くべきだと思っていた李成桂は、威化島（ウィファド）というところで軍をUターンさせ、高麗の首都だった開京（ゲギョン）を攻撃、そのまま反対派を倒して高麗を滅ぼします。これを韓国では「威化島回軍」と言います。

そして朝鮮を建国、王になってから、李成桂は高麗の「根」を断ち切る作業にかかります。なんと、高麗で代々王族だった「王」氏を皆殺しにしました。これを「王氏滅族」と言います。

ひと通り王氏を処断したあと、それなりの権力を維持できるように島を一つ与えると騙して各地の王氏たちを江華島（ガンファド）周辺に集めてから、最初から沈むように仕掛けた船に乗せて殺したと言われています。どれだけの人数が殺されたかは記録やその解釈によって差はありますが、一万五千人説まであります。当時のことですから、恐ろしい数です。それでも生き残った王氏たちは、本当の姓氏を隠し、適当な姓氏を付けて生涯逃げまわるしかなかったとか……。

絶句ものの「親明政策」による正統性の確保

新しい支配勢力ができたとしても、既存の執権勢力（それも王国において最高指導者である王の同氏全員）をここまで抹殺するのは珍しいことではないでしょうか。

「壊す」と「支配する」は意味が違います。新しい支配勢力は、既存の執権勢力からの権力移譲を試みるものです。既存の王族と血縁関係になるとか、（脅してでも）権力移譲に関する公式文書などを受け取るとか。今なら合法的なプロセスによる権力移譲が大事ですが、当時としては、そうやって無理のあるやり方でも、既存執権勢力から正統性〈支配する・されるに相応しい根拠〉を受け継ごうとするのが普通でした。

中国の場合は、そのために歴史書などを編纂し、自分たちが旧権力を継承するのは妥当だとする流れを「自作」することもありました。長いスパンで見るとそのほうが安定しますし、いちいち軍事力で抑えるよりコストパフォーマンスもいいからです。政治だけではなく文化などでもそうで、その過程で宗教が活躍したりもします。

例えば、カトリックの天使の絵や聖物（聖堂で礼拝などに使う道具など）を見ると、現地の伝承に登場する神や天使と混ざった（同一視された）部分があったりします。そうやって国民の精神世界に違和感なく溶け込もうとしたのです。

しかし、朝鮮の李成桂は、まったく違う方向から正統性を確保しようとしました。それが「親明政策」です。

中国（明）は偉い。偉すぎる。お父様だ。私たちはその子にすぎない。その明が朝鮮を認めた。国名も明の皇帝がつけてくれた。王のハンコである玉璽《ぎょくじ》も明の皇帝からもらった。どうだスゴイだろう。だから、愚民の皆よ、絶対に文句を言ってはならないぞ！……隣にある大国が認めてくれたから、それで納得しろというもの。

それが朝鮮の正統性でした。呆れたものです。それで納得する民も民ですが。

「子（朝鮮半島の国）」の名前は「親（中国）」が付けるべき!?

当時の記録にもそういう動きを見て取ることができます。朝鮮建国の功臣の一人で学者でもあった鄭道傳（チョン・ドジョン）などが中心となって作り、朝鮮の法典の基礎になった『朝鮮經國典（一三九四年）』という本があります。その朝鮮經國典の「国号」の章に、次のような記述があります。

「前にあった国（百済《くだら》、新羅《しらぎ》、高句麗《こうくり》、高麗《こうらい》など）の国号は、（中国）皇帝の許可を得たものではない。そのような国号を受け継ぐわけにはいかない」

子（朝鮮半島の国）の名前は親（中国）が付けるべきだ、とでも思ったのでしょうか。もっと前の国々（新羅や高麗など）でも当時の中国への事大はありましたが、朝鮮ほど土下座で一貫した国もなかったでしょう。そして、同じ理由を持って、既存の宗教であった仏教を弾圧してまで、儒教思想を崇拝するようにしました。

韓国では、これを「崇儒抑仏」と言います。

第二節 「民族正統性」は宗教のように韓国人の判断基準として機能

「宗教」と「思想」の違い

東洋では、「宗教」と「思想」の差が曖昧です。

日本の場合、「うちは仏教です」と言う人でも、生活の中では神道の教えに近いパターンを見せたりします。韓国でも同じで、儒教思想が国民の中にここまで浸透しているにもかかわらず、自分の宗教を「儒教です」と答える人はほとんどいません。

二〇〇五年の統計庁調査を見ても、「宗教を持っている」と答えた韓国人は二千四百九十七万七百六十六人で、その中で仏教が千七十二万六千四百六十三人、プロテスタントが八百六十一万六千四百三十八人、カトリックが五百十四万六千百四十七人……儒教は、わずか十万四千五百七十五人しかいませんでした。

その「曖昧」の隙間から、儒教は韓国人の精神の中に「思想」という形で存在しています。「宗教を持っていない」と答えた二千数百万人の精神にも、思想は存在しているわけです。

今でもソル（旧暦の元旦）、チュソク（秋夕、旧暦八月十五日）になると、家庭や先祖の墓の前で捧げる祭祀である「チャレ（茶礼）」のためにほぼ全国民が（数時間も）車を走らせて（交通地獄の中の）里帰りを（必死に）敢行します。最近は遊びに行く人たちも多いですが、そんな人たちに「茶礼はどうしたの？」「親には会った？」などと聞くと、物凄く不快な顔をされます。「悪かったな。わかっているから聞くな！」という顔です。

それが、「思想」の持つ不思議な力です。

人が何かを考え、決め、行動するにおいて、思想は「判断基準」を提供してくれます。

その基準は、普通、自分の中にあります。自分を優先するという意味です。しかし、他の人たちと一緒に生きていかなければならない私たち人間は、その基準を「自分の外」に出すこともまた、先天的に、そして後天的に学びます。自分が多少の損をしてでも、自分よりもっと広い対象を優先して考え、行動する不思議な力。まさに人間だけの素晴らしい力です。「他人に迷惑をかけるな」、「相手の立場から考えろ」という教え、「絆」や「和」の精神、西洋で言うキリストの愛、全てがそういう類のものです。

それは重い事案であればあるほど強くなります。災害の際に自分の命を犠牲にしてまで他人を救う英雄たちの話は、いつも私たちに大きな感動を与えてくれます。

「差別」を前提とする「儒教」の判断基準

しかし、韓国人の儒教思想は違います。そういう「博愛」ではなく、何かの条件で制限された愛で構成されています。

もう少しキツイ言い方をすると、儒教の判断基準は「差別」を前提とします。人の身分の尊卑を含め、天下万物には上下（尊卑）があることを肯定しているからです。そして、その序列に逆らってはいけないと説きます。

李成桂がその儒教思想を国策でゴリ押ししたのは、上下関係を厳しくし、上の存在（親）である「明」を崇拝するようにして、その明に認められた（子である）朝鮮の正統性を確保するため。

そして、下克上（反乱）で権力を握った男が、「上に逆らえない」という儒教の性格を政治に利用することによって、「自分が同じ目に遭《あ》わないための」安定性を確保したものでもあると、私は見ています。

新しい大国（明）に認めてもらうために、その明に楯突いていた高麗の正統性、王朝（王氏）を徹底的に抹殺した歪みの正統性。自分の国の正統性を他の国に頼っただけでも情けない話ですが、そのためにここまで過去の正統性を全否定するとは、呆れるだけです。「韓国の歴史は五千年」という話を聞くたび、私がもっとも強く吐き気を感じるポイントでもあります。

いくら昔のこととはいえ、この中国頼りの朝鮮の正統性に、「継続性」や「連続性」など、見出すことができないからです。今でもこの国は、政権が変わると前の大統領を死刑にしたり（あとで赦免）、自殺に追い込んだりしますから、なおさらです。

儒教が伝わったのは朝鮮だけではありません。

しかし、日本は神道という特有の伝統宗教（神道もまた、宗教より範囲が広い概念である気もしますが）がありました。仏教もそうでしたが、徳川幕府時代に国家倫理のような形で儒教が入ってきても、それらのどちらかが絶対的、一元的な立場を手に入れることはなく、結果的にはお互いが解け合いました。よく言われることですが、「神社、寺、教会が仲良く並んでいる国も珍しい」ですから。

また、儒学といっても、伝来された朱子学や陽明学だけでなく、日本には独自に作られたさまざまな流派がありました。漢字やカレーと同じく、再創造された側面があるのです。朝鮮は違います。儒学の中でも「朱子学」だけが公的に認められ、「それ以外」はいけないことにされました。仏教すらも、儒教のために抑圧されました。

それは明らかに朝鮮の正統性のため、言うなれば「政治（統治）」のためだけのもので、朝鮮の貴族階級の「両班（ヤンバン）」も朱子学の思想を基盤としています。まさに、思想や学問の独裁でした。元が良いか悪いかを別にしても、独裁が長引いて良い結果がもたらされるはずはありません。

朝鮮末期から跋扈《ばっこ》する「寸志（賄賂《わいろ》）文化」

人々の精神世界を占領した「差別の宗教」の独裁は、「上」か「下」かでしか物事が決められない「二元論」的な考え方を人々に植え付け、恐ろしい階級社会を作り出しました。「勝つためには何をしても構わない」「負けたものへの配慮など無用」など、今の韓国社会にも影を落としている「歪んだ序列意識」の原型でもあります。

いくら頑張っても出世にはほど遠く、最大の権力は「生まれつき」、言わば血統でした。

一例として、朝鮮時代には「勢道政治」というものがあり、その集団と同じ姓氏であることがそのまま権力でした。「勢道政治」とは、朝鮮時代、王の親戚など一部の氏族が権力を握って、とてつもなく強い影響力を及ぼしていた政治の形を意味します。安東（アンドン）の金（ギム／キム）氏、豊壌（プンヤン）の趙（ゾ／チョ）氏、南洋（ナムヤン）の洪（ホン）氏などが有名です。

有力氏族の権力争いはそのまま「党争（党派の間の争い）」に繋がり、国の政治そのものを破壊してしまいました。勢道政治だけでなく、儒教社会の朝鮮で姓氏が持つ権力は何よりの憧れでした。

時系列的にずいぶんあとのことになりますが、韓国人が「民族」と正統性を繋げている理由もまた、やはりこの儒教の「血統」への認識と関連しているだろうと、私は思っています。

余談ですが、朝鮮末期には、貴族の正統性（この場合、家系図のことです）をお金で買う人たちが増えました。もちろん、違法です。それが「お金で権力者の仲間入り」という認識となり、今の韓国社会に蔓延している「寸志文化（賄賂文化）」になったという見方もあります。

世界で韓国人にだけ存在する怨み「ハン（恨）」

生まれつきで決まってしまう制限……「超えられない序列」であるこの血統というものは、「偉い人の子は偉い」という意味でもあるため、いつまで時間が経っても、尊い人はいつまでも尊く、卑賤な人はいつまでも卑賤でした。

同じく、今でも韓国人の頭の中には、「偉い人の子は偉い」及び「ダメな人の子はダメ」、さらには「罪人の子は罪人」という歪んだ考え方が根強く残っています。

サムスン（SAMSUNG）グループの経営陣一家の兵役免除率が七十三％（二〇一〇年十月七日、週刊京郷の報道。一般人の兵役免除率は二〇一〇年二・四％）に及ぶのに誰も何も言わないことも、朴槿恵（パク・クネ）大統領の反日発言の中でも有名な「千年発言（千年経っても日本は加害者、韓国は被害者だという反日発言）」も、全てこういう考え方から来ています。

「私はこう生まれたからこのままで生きてこのまま死ぬしかない」

それを当たり前のものとして受け入れるしかない絶望が、「ハン（恨）」になりました。

ハン（恨）は、「晴らすことができない悔しさ」という意味で、世界で韓国人にだけ存在する変わった怨みだと言われています。

最初から「悔しすぎて晴らすことができない」と決めつけているため、「解決」も「赦《ゆる》し」も存在しない、恐ろしい怨みです。反日思想にも露骨に現れています。

国歌「愛国歌」に刻まれた「ハヌル（天様）」思想

そのまま時間が流れ、朝鮮末期になりました。

国の外では清、ロシア、日本など列強の対立が、国の内では興宣《フンソン》大院君《デウォングン》と閔妃《ミンび》（後の明成皇后）に代表される権力者たちの力比べが絶えませんでした。

内外で絶望が続く中、妙な動きがありました。人には神聖さがあるという、「人は即ち天である」思想の出現です。

韓国人に「天を崇拝する思想って知ってる？」と聞くと、高い確率で「知らん」または「それ、巫俗人《ムソクニン》（民間信仰の関係者）たちが信じるものでしょう？」と、他愛ない返事しか返ってこないと思います。しかし、自覚がないだけで、実は違います。

日本語にするために表記は「天」にしていますが、元々は純粋な韓国語で、「ハヌル」と言います。韓国の国歌である「愛国歌」一番に「ハヌニムが守ってくださる。我らが国、万歳」という歌詞がありますが、そこでいう「ハヌニム」が、「ハヌル（天）＋ニム（様）」です。

韓国人はそれを当然の表現として受け入れています。韓国に多数存在する民族宗教においても呼び方も解釈も少しずつ違うけれど、この「ハヌル」の概念は、国歌に刻まれるほど、韓国人の思想の中に強い影響力を維持してきたのです。

「東学農民革命」の発端

「祭天（十月に天に祭祀を捧げる風習）」に関する各種行事など、天への崇拝は、朝鮮が建国する前からありました。また、いろいろな宗教で「太陽」が神として崇められていたのと同じく、他の国、他の民族でも、「天」を崇拝すること自体は別に珍しいことでもありません。ただ、朝鮮半島の天、ハヌルは具体化、擬人化されたものではなく、どちらかというと「神性」、「神聖さ」という、もう少し漠然とした存在でした。

しかし、社会像を反映してか、この「天」を「人間の平等」に繋げる朝鮮特有の思想が現れます。

一八六〇年、崔済愚（チェ・ジェウ）という人が立ち上げた「東学」運動がその代表格です。

おそらく、弾圧などを恐れて「学」を名乗ったとは思いますが、東学は事実上の宗教でした。なにせ、東学にも「信仰の表現」がありました。とても簡単で、「至気令至、願爲大峰、侍天主造化定、永世不忘万事知」という呪文を覚えながら剣舞を踊り、「弓弓乙乙」と書いたお守りを燃やして飲んでしまうと貧困から解放され、病気なしに長生き、永世無窮（この場合は魂が永遠に生きるという意味）できるといいます。あまり真似したくはないものですが、これもこれなりに意味があります。何の意味かというと、儒教・儒学のように「難しいこと」が必要ない、無学な人でもできるという側面です。

この宗教まがいの東学という思想は、「人間は神聖で、人間は平等だ」を基本とします。詳しくは、「人乃天」、すなわち人は天である。天は神聖なものだ。人なら誰もがその天を持っている。だから、どんな人でも軽蔑や差別を受けてはならないという主張です。

当時の儒教思想においては許されない反逆行為でした。当然ですが、崔済愚と東学の中心人物たちは、ほとんどが処刑されてしまいます。

ですが、民間信仰を元にしていたこともあって、思想そのものは生き残りました。興宣大院君と閔妃の権力争いに乗せられ、結局は日本と清の力比べにまで発展してしまった一八九〇年の「東学農民革命（甲午農民戦争）」も、この東学思想に基づいて起きた農民蜂起でした。

それからも東学は「天道教」という宗教になり、反日運動を主導していく民族主義勢力の一つになります。天道教は、勢力は弱くなったものの、韓国の民族宗教の一つとして今も機能しています。

誰もが天（神聖）を持っているということ。それは、人には尊卑があるという儒教社会に対し、人は誰でも平等だという〈共産主義革命〉に他なりませんでした。そして、この「天」こそが、後に「民族」という概念へとつながっていきます。

朝鮮半島の民族主義が、今でも妙に共産主義っぽい側面を持っているのもそのためで、とくに北朝鮮のほうに強く残っています。

一八九七年、無能国家「大韓帝国」を名乗る

またまた激動の日々が続き、大日本帝国が日清戦争で勝利し、一八九五年、下関条約で朝鮮半島の独立が決まりました。

日本は最初から朝鮮半島を併合しようとしていたわけではありません。昔も今も、敵対する国と国境を合わせているのは得策ではありません。中国と日本の間に、独立国が必要だったのです。朝鮮半島の独立もそのためのものでした。

しかし、それからも、「三国干渉（フランス、ドイツ、ロシアが日本に対して〝日清戦争で日本が勝ち取った遼東半島を清に返還する〟ように求めたもの）」など列強諸国による日本への牽制もあって、朝鮮半島周辺の情勢は安定せず、日本、ロシア、清など外国勢力は朝鮮半島での影響力を強めるために熱心でした。

朝鮮内でも、親ロシア派の閔妃が権力を握ったり、親日本派が主流となった「近代化改革（甲午改革・乙未改革）」が起きては失敗するなど、朝鮮半島の混乱は収まる気配が見えませんでした。

そのような変化に何一つ適応できないまま、一八九七年、朝鮮は「大韓帝国」を名乗ることになります。

長い間、中国の諸侯国で「王」しか存在できなかった韓国も、やっと「皇帝」を（弟だと見くびっていた日本のおかげで）名乗ることができるようになりました。しかし、この大韓帝国は、日本が期待していたちゃんとした独立国にはなれませんでした。政治は権力層の不正ばかりで、経済はボロボロ、やりたい放題のコウモリ外交、などなど。結果、あっという間に機能不全に陥ってしまいます。しかも、「何の力もない」くせに自国民に対してだけは強気で、大韓帝国は君主制を強めました。

「韓民族こそが世界で一番だ！」自画自賛の本格化

大韓帝国には「大韓国・国制」という、今の憲法にあたるものがありますが、その二条にはこう書いてあります。

「（大韓帝国は）万歳不変の専制政治である」

一条は自主独立国であるという内容で、三条からは軍事・立法・司法・行政など全てに皇帝は無限の権限を持っていると規定しています。

それは、儒教思想を持ち込んで「上に逆らうな」としていた朝鮮と何もかも同じものでしかなく、国民が望んでいた新しい世の中、すなわち「近代国家への生まれ変わり」とは、あまりにも距離のある「正統性」でした。

結局、「無能の詰め合わせ」大韓帝国は何もできずに崩壊への道を歩み、一九〇五年、「第二次日韓協約（日韓保護条約）」により、日本の保護国になります。

ここから、朝鮮半島では「民族主義思想」が強まります。

韓民族こそが世界で一番だ。我々民族は神聖そのものだ！　私たちは半万年の歴史を持つ単一民族だ（≠異民族など要らない）。日本民族よりも中華民族よりも優秀だ。満州をはじめ、広い領土を支配していた……極端な書き方をすると、そういう類の思想です。今もよく言われる「韓国人は優秀な民族」という自画自賛の表現が、ここから本格化したと言っていいでしょう。

この思想もまた、いきなり現れたのではありません。民間信仰だった「天」が、「天と人は同じ＝天は誰の中にも存在する」となり、そのまま「民族というのは誰にも内在されている価値」になりました。だから、韓国人の持つ「民族」思想には、「天」の神聖さがそのまま溶け込んでいます。

もちろん、ここで言う「誰にも」というのは、「ウリ（※私たちという意味ですが、この場合は同じ集団の仲間という意味です。日本側のネットで韓国の集団利己主義を皮肉る時によく使います）」、すなわち「韓民族（朝鮮民族）」だけです。

「民族主義思想」の象徴――「檀君《だんくん》神話」

その流れの中で大活躍したのが、「檀君神話」です。

檀君は十二世紀の「三国遺事」に出てくる「古朝鮮」という国の指導者だとされていて、その歴史は五千年に及び、満洲地域を始め、広大な領土を支配していたという存在です。

ですが、当時はマイナーな存在でした。朝鮮が建国した時にも、朝鮮の正統性を主張するために「中国皇帝に認められ諸侯国になった」箕子《きし》朝鮮（推定として紀元前一九六年?・）の国名に関する言及などはありましたが、古朝鮮に関するものはありませんでした。もちろん、今の基準でも、考古学的な根拠が乏しいのは言うまでもありません。しかし、当時の民族主義者たちは、この檀君こそが「天」の持つ神聖さを受け継ぐのにピッタリの器だと思ったようです。「天」は擬人化など具体化がなされていなかったため、融合も容易だったでしょう。

独立運動活動家だった申采浩（シン・チェホ）氏がその代表的な人物です。彼が一九〇八年に出版した『読史新論』などを見ると、檀君神話に基づいて「半万年歴史」という表現が目立ちます。

神話上の国である古朝鮮、それからの半万年の歴史、古朝鮮の支配者である檀君は、全て同じ歴史観の上にあるため、思想的にはどれも似たような意味を持ちます。

国の危機という特殊な状況の中、天から繋がる神聖さを手に入れた民族主義思想は、客観的根拠よりは主観的神聖さを武器にし、どんどんエスカレートしていきます。結果、その神聖化された半万年の歴史とやらが、本書の最大のキーワードとなる「民族正統性」へと変貌していくことになります。

「我が国の歴史は半万年」を支えるアイデンティティ

「民族正統性」。

それは一九〇〇年代から現在まで悪化し続け、今の韓国人にとっては、アイデンティティと同じ意味を持つまでに至っています。Identity（アイデンティティ）とは、「大辞林（第三版）」によると、「同一性」であり、「あるものが時間・空間を異にしても同じであり続け、変化がみられないこと」となっています。詳しくは、〈1・物がそれ自身に対し同じであって、一個の物として存在すること。自己同一性。2・人間学や心理学で、人が時や場面を越えて一個の人格として存在し、自己を自己として確信する自我の統一をもっていること。自我同一性。主体性〉。

簡単に言うと、アイデンティティは「自分が自分であると認められる根拠」、すなわち自分の正統性です（※韓国ではアイデンティティを「正体性」と言います。本書では正統性問題と繋げるために「民族正統性」という表現を主に使っていますが、「民族正体性」という表現もよく使われています。この場合、意味はほぼ同じです）。

韓国人は、古朝鮮から大韓民国まで、朝鮮半島にあった過去の国々の正統性が、全て繋がって一つのアイデンティティを成していると信じています。

韓国人の誰もが一度は耳や口にしたはずの、「我が国の歴史は半万年」という決めセリフがそれを現しています。この「半万年」は、「昔の国も今の国も、同じ韓民族の国だ」

というアイデンティティとして一貫した正統性の連続を謳っているだけに、まるで唯一神信仰にも似ています。「全てで一つであるため、それ以外の選択は存在しない」からです。繰り返しになりますが、東洋では宗教と思想の差が曖昧です。この民族正統性は、今でもまるで宗教のように韓国人の判断基準として機能しています。例え、本人には自覚がないとしても、その力は圧倒的です。

韓国人なら（韓国の思想またはそれに準ずる教育を受けたなら）、韓国を離れていてもこの判断基準はなかなか変わりません。外国で暮らしていながらも、韓国人が「韓国」「韓民族」に必要以上の拘《こだわ》りを見せる理由がここにあります。それは、韓国人にとって一種の「義務」です。

一九八五年七月十三日、世宗文化会館大会議室で、檀君に関する講演会が開かれました。前最高裁判所長、名門大学の教授、国史編纂委員長など、そうそうたるメンバーによるその講演会の内容を、東亜日報の「檀君は民族一体感の象徴」という記事（講演会の内容紹介ということで、一日前の十二日付）から見てみましょう。

「……全ての国は民族精神を高めるために明らかに象徴となり得る人物を前に出してい

る。我が国の場合、普遍的に出せる象徴は『国祖』檀君であろう。半万年前の檀君に神話的要素があるのは当然だ。それを持って信じることができる、できないを論ずるのは、結果的に自分自身を否定する行為でしかない」

言い換えれば、民族正統性を認めようとしない人は、本書の最初の部分で引用した「自己否定」、自分が自分以外のものになる（アイデンティティを失う）という主張になるわけです。

当時の民族主義者たちは、朝鮮半島にも天皇みたいな存在が必要だと思っていたのかもしれませんね。そのために「天の受け皿」になった民族の象徴が、檀君およびその関連思想であったのでしょう。

矛盾だらけの「自民族以外が嫌いなだけ」国家

率直に言って、私は民族という概念を絶対悪のように思ってはいません。民族主義も同じです。「モノは使いよう」とも言いますが、結局はどう使うかによって（使う主体の出来によって）その価値が決まるでしょう。

例えば、この本ではちょっとした悪役で登場した民族主義者の申采浩氏ですが、次のような言葉を残しています。「釈迦が入ってくると釈迦のための朝鮮になるし、孔子が入ってくると孔子のための朝鮮になるし、イエスが入ってくるとイエスのための朝鮮になる。これをあえて精神というなら奴隷精神であろう」

他の国、文明圏から思想が入ってきても、それを主体的に受け入れ、「自分の国のための思想」にすべきであるのに、朝鮮はそうではない。思想に国が支配されてしまう。それは奴隷と同じだ！　という意味です。

最近、世界各国で移民問題などで文明や思想の衝突が見られ、各国の保守勢力や若い人たちを中心に移民制度の見直しが要求されています。そんな中、バランスよく解釈、適用するなら、申采浩氏のこの言葉は有用な教訓になれるでしょう。

しかし、時代の変遷によって思想が変わるのは仕方ないとしても、朝鮮半島の思想はネガティブな側面だけが受け継がれ、肯定的側面は消えてしまいました。

例えば、「天」が人間の平等を謳ったものであるなら、身分制度を廃止し、頑張れば出世できる世の中を作ってくれた日本に対して牙を向けるのは、明らかに矛盾しています。

また、儒教の「差別」にあれだけ苦しめられた人たちが民族主義に走るのも矛盾です。民族主義は、他民族への差別でしかないからです。

また、歴史が長い（古い血統が権威を持つ）、しかも単一民族（純血さ）を優秀さの基準とするのも、矛盾です。儒教的思考がバレバレです。

一九〇〇年代、儒教も天も民族も、肯定的に捉えられる側面はどこかへ行ってしまい、「自民族以外が嫌いなだけ」の否定的な側面しか知らない化け物へと変質していました。大韓民国が神聖視している民族正統性は、その最終結果です。

綿々と受け継がれる「親日」＝「反民族」の狼煙《のろし》

そして、この民族正統性を謳う朝鮮半島の民族主義は、大韓帝国が日本に併合（一九一〇年）されてからは、もはや限度を超えてしまいます。

日本が民族正統性を断ち切った！　だから日本と戦わないといけない！　あいつらは韓民族の誇りを奪おうとしている！　神性なる韓民族が、韓民族以外の別のものになってしまう！　……なぜか日本が絶対悪とされ、全ての非難の対象になりました。

こうして、「朝鮮半島の『民族正統性』は『反日』とほぼ同じ意味として成立された」こと。

これは本書にとってとても大事な一行ですので、うまく伝わるといいのですが。今でも韓国では、「親日」が「反民族」と同じ意味で使われています。

第三節　「日韓併合」は国際法で認められた合法的行為

ここで、話は変わりますが、併合時代の日本のことを、少しだけ擁護させてください。

まず、民族正統性という側面から見ると、併合はその連続性の「断絶」を意味するものだったかもしれません。

しかし、民族というものは、実はとても抽象的な概念でしかありません。食うか食われるかの戦いとその結果だけが世界を動かしていた「旧韓末（朝鮮末期、大韓帝国時代）」は、そんなもので勝ち抜ける時代ではありませんでした。

大韓帝国は「滅ぶべくして滅んだ」だけ

そこに必要なものは、残酷なほど冷静に現実を把握する能力でした。それが欠けていた大韓帝国は「滅ぶべくして滅んだ」だけです。

そして、韓国は今でも「弱者である大韓帝国を強者の日本が無理矢理植民地にした」と主張していますが、植民地研究家のアレイン・アイランドさんは一九二六年の著書である

『The New KOREA（邦題：THE NEW KOREA―朝鮮が劇的に豊かになった時代）』で、ダメになった大韓帝国こそが、むしろ日本にとって脅威だったと指摘しています。

「……二つの理由で朝鮮は日本の脅威になった。一つ目は、数世紀にわたる失政により、朝鮮国民がいくら望んだところで、自国が独立を維持できるほど十分な富と力を持った国に発展できる内部改革を期待できない状況にさらされていたこと。二つ目は、一つ目の理由によって、武力や策略を使ってロシアや中国が朝鮮半島を占有できるだろうし、そうなれば日本の国防を担当する個人や集団の誰もが黙認できない戦略的状況が招来されるだろうということだ……」

極端な言い方をするなら、併合は日本の自衛でした。

そして、あとで必要になるので書いておきますが、日韓併合の全ての過程は、当時の国際法で認められた合法的行為であり、また、植民地ではなく、あくまでも「併合」でした。これも、大きなポイントです。

朝鮮初の統一国家は、新羅《しらぎ》ではなく、高麗《こうらい》

もう一つ、当時の民族主義者たちが主張していた民族という概念が、「愛国」のためのものか、それとも「反日」のためのものか、それ自体が疑問です。大体、韓国人がいつからこんなに民族という考え方を大事にしたかも、はっきりしていません。

高句麗《こうくり》、新羅《しらぎ》、百済《くだら》に分かれていた時を「三国時代」と言います。それから新羅が統一を成し遂げ（六六八年）、それからを便宜上「統一新羅」とします。その統一新羅を「一つの民族による統一国家」であり、民族精神に目覚めたのも統一新羅の頃からだ……と主張する人たちもいます。

しかし、新羅の三国統一は不完全なものでした。三国を統一したならば、その三つの国の領土が一つになっているはずではありませんか。しかし、統一新羅はそうではありません。なぜなら、唐《とう》（当時の中国）の力を借りて統一し、高句麗の領土のほぼ全てを失った（唐のものになった）からです。統一ではなく、外国の力を借りて高句麗という国を一つ滅ぼしてもらったと言った方が正しいでしょう。

それからも統一新羅は分裂し、後高句麗（高麗《こうらい》）、新羅、後百済になります。それを「後三国時代」と言います。後三国時代を統一したのは高麗です（九三六年）。

私の意見では、高麗が朝鮮半島の初めての統一国家です。しかし、高麗を建国した「王建（ワンゴン）」が旧百済地域の人たちに対する差別（登用して権力を与えてはいけない）を後代の王たちに「教訓」として残す（訓要十條の八番目）など、韓国の三国時代や統一新羅の人たちが「同じ民族」としての感覚を持っていたとは、とても思えません。その後に朝鮮の李成桂が行った王氏滅族は、とくにそうです。

それはまるで、代々仲の悪かった異民族を蹂躙《じゅうりん》するようなやり方でした。

虚像→矛盾→嘘……百年後に残された弊害とは

朝鮮半島の歴代の国々には、それぞれの正統性はあったでしょう。例えそれが醜いものだったとしても。良し悪しは別です。正統性は善悪とは違うものですから。しかし、それぞれの国々に「連続」または「継続」してきた正統性の「繋がり」は、非常に弱い、いやほとんどないと言わざるを得ません。

正統性を繋げる意識は、一種の「尊重」とも言えます。負けたものへの、消え去ったものへの必要最小限の尊重です。

しかし、朝鮮半島の国々は、既存の強者を全否定することで、新しい強者の「ウリ（仲間）」になる生き方を選んできました。力を失った前の強者は破壊されるしかありませんでした。

韓国の時代劇に歴史考証が乏しすぎるという批判は国内でも起きていますが、「では、どう考証すればいいのか」という問題もあります。

朝鮮のものは併合時代に日本によって保存されてそこそこ残っていますが、それ以前の史料や文化財などは貧弱で、残っているものでも「（客観的根拠ではなく）想像による復元」が多いためです。よって、「どれも同じに見える」という文化財が多すぎます。マニュアル的に「良い」とされているイメージのままに復元したのです。また、民族の美化に余念がない割には歴史の専門家も少なく、韓国の歴史を研究する専門家は韓国より日本の方が多いとまで言われています。

よく言われる、「併合時代に朝鮮半島に作られた日本の神社は全部どこへ行った？」という質問も、これで説明できるでしょう。ひとつ残らず、壊され、燃やされました。

昔、戦いの時代を生きた日本の武将たちは、「私は日本人」または「ここは日本」という意識を持っていたでしょうか？　もしあなたの考えが「はい」なら、それこそが、韓国人が眼の色を変えて主張したがっている「民族正統性」の欠片《かけら》かもしれません。

五千年の歴史。広大な領土を支配していた、中国より日本よりずっと上の、逆らえない神性の民族。しかし、このアニメに出てきそうなスーパーな民族設定を支えるための根拠は非常に貧弱で、明らかに急造されたものでしかありませんでした。「正統性（認められる根拠）の弱い政権は強権的になる」がまたここにも当てはまるのではないでしょうか。

急造された虚像は矛盾を生み、矛盾を打ち消すために嘘をつきました。他の意見を黙殺し、必要な部分だけを美化し、そのためにまた嘘をつき、そこからまた矛盾が生まれ……の悪循環が始まりました。

それは、百年後の人たちに、民族主義の最大の弊害である「劣等感」だけを残しました。

「改名申請件数」が五年で二倍に倍増

二〇一一年十一月二十二日のハンギョレ新聞の記事によると、自分の名前を変える人（改名申請件数）が五年で二倍増えたそうです。

最高裁判所の司法年鑑によると、二〇〇五年、七万六千九百七十六件だった改名申請件数が二〇〇八年に十四万六千七百七十三件、二〇一〇年には十六万五千九百二十四件まで増えました。

二〇一四年一月六日のSBSの報道によると、「新しい名前」としてもっとも人気があるのは、「漢字表記や英語発音が難しくない名前」だそうです。報道では、「中国の大国化が影響していると思われる」と。

併合時代に「名前を奪われた（創氏改名）」とあんなに日本を非難している人たちが、これはどういうことでしょう。不可避な何かの理由がある場合ならともかく、名前を中国やアメリカなどの「大国」基準に合わせて変えるとは。

問題を「生まれ」そのもののせいにすることも目立ちます。民族の優秀性を始め、愛国教育をここまで徹底しているにもかかわらず、各種アンケートなどで「(再び生まれるなら)韓国には生まれたくない」と答える青少年が半分以上を占めます。

整形手術が多いことで有名な韓国ですが、その中の少なくない数は、「観相(顔の形などの人相で運勢を判断すること)」を良くするためのものです。有名な占い師と整形外科が裏で手を組むこともあると聞きます。うまくいかないのは「何か」のせいで、自分のせいにだけはしたくない、ということですね。

口では「愛国」を叫びながらも、祖国に、そして自分自身に自信が持てないでいる矛盾は、あの民族主義思想の副作用と言えるでしょう。

第四節　前例なき「反日国家」として誕生した大韓民国

「唯一の」全国的規模の抗日運動・「三・一運動」

話がズレましたが、時系列を戻します。

一九一九年三月一日、その偏った民族主義は、旧大韓帝国の高宗皇帝が毒殺されたというデマに便乗し、「三・一運動」という大規模な流血事態を呼び起こすことになります。三・一運動は併合時代に起きた「唯一の（ここ、重要です）」全国的規模の抗日運動です。

物的損害はもちろん、多数の死傷者が出て、朝鮮の総督が交代する結果になりました。朝鮮総督府法務局の「妄動事件処分表（一九二〇年一月）」によると、有罪判決を受けた人は合計七千八百十六人で、七十二％が保安法違反、二十二％が騒擾《そうじょう》（秩序を乱すこと）の罪。その他、放火、レイプ、犯人を隠した罪、公務執行妨害、などなど。無期刑は五人、（以下、有期刑）十年以上が二十一人、五年以上が四十三人、二年以上が六百七十人、一年以上が千六百二十九人、六ヶ月以上が三千二百五人、六ヶ月未満が四百五十一人、残りは執行猶予、罰金、などなど。死亡者については総督府資料で「数百人」と、韓国側資料で「数千~数万人」となっており、かなりの食い違いがあるようです。

しかし、この三・一運動ですが、韓国が主張している通り、「善良な韓民族は一つになって邪悪な大日本帝国と戦った」のかというと、ちょっと違います。実は、一部の宗教団体が主導していました。

「私たちはここに私たち朝鮮が独立国であることと朝鮮人が自主民であることを宣言する……」と、「独立宣言書」を用意して読み上げた三十三人が三・一運動のリーダーとされ、韓国では彼らに「民族指導者」という凄い呼び方をしています。その指導者さんたちが、十六人は天道教、十五人はキリスト教、二人は仏教団体の人でした(資料によってはキリスト教が十六人だとする場合もあります)。

ここで、三・一運動の主役だった二つの宗教、天道教とキリスト教の民族主義的側面に注目です。

三・一運動の主役：その一「天道教」

天道教は東学から生まれた宗教です。

どんなものなのか、３１精神救国運動凡国民連合のキム・ドンファン総裁（二〇一一年）が書いた「天道教と三・一運動、見えなかった貴重な我らの歴史」という文から、天道教に関する部分を訳してみます。文章としてちょっと読みにくい（何を言ってるのかわからない）気もしますが、とりあえず直訳です。「ハンウル」は、「ハヌル（天）」と同じで、表記が少し違う（HANULとHAN-UL）だけです。

「天道教とはどのような宗教なのか。天道教は、五千年の歴史が守ってきた敬天崇祖、ハンウル（天）を敬い、祖先を崇拝する民族の基本的な情緒に人それぞれがハンウル様を宿した人に対してハンウル様に対するようにすべきだと、一八六〇年、崔済愚先生が悟った東学であった。東学は売官売職（賄賂などをもらって官職をあげること）する政府の腐敗、民のことを無闇に苦しめる貪官汚吏（悪代官）、一般常民を無視して踏みにじる極悪非道な両班（貴族階級）の横暴、さらに悪いことに、西洋の勢力が武力を用いて強制的に開港と宗教伝播を強行する西勢東漸（西洋が東洋を支配する）不安な社会の上、民衆は頼る所がなかった時期に、崔済愚大先師様が人は誰でもハンウル様を迎えておりますので、両班も常民も官吏も民も誰でもハンウル様に対するように接しなければならないという事人如天の真理を語られ、至るところからソンビ（文官）たちが風雲のように集まってきて、最終的にその力で湖南（全羅道）地域を中心に東学革命が起きた。不正腐敗の官吏を一掃するための初めての動きだったが、政府が外国の軍隊を呼んだ結果、斥倭斥洋（日本と西洋を排斥する）や保国安民運動に発展し、結局は日本の新兵器の前に、東学軍は多数の犠牲を残し、負けてしまった。しかし、その精神、その力は併合以来十年間隠れて独立運動を計画し、最終的に一九一九年三・一独立運動を導くことができた、私たちの民族の自生宗教である」

さり気なく東学農民革命の失敗が日本のせいになっているのは置いておいて、どれだけ「民族」を強調しているのか、おわかりでしょう。

今でも全羅道地域は左派思想が強いのが特徴です。韓国の左派思想は親北志向が強く、

「親北勢力」だとよく非難されたりします。その親北思想は「一つの民族」を贔屓《ひいき》する民族主義思想の極端な姿でもあります。東学革命が全羅道を中心に始まったのは偶然でしょうか？　聞いただけの話ですが、現在の天道教の勢力は、韓国より北朝鮮で強いようです。

三・一運動の主役：その二「キリスト教」

もう一つ、キリスト教。これはとくに誤解される向きがあると思いますが、キリスト教についてある程度の知識または信仰をお持ちの方なら、「キリスト教と民族と何の関係がある？」と思われるはずです。

元はというと、キリスト教と民族主義は共存できるものではありません。イエスは全人類に「博愛」精神を残しました。いわば、その愛に民族という制限をおいてはいけません。聖書によると、二千年前、彼がユダヤの宗教指導者たちに嫌われて濡れ衣を着せられたのも、救援（神様の救い）がユダヤ民族だけのものではなく、ユダヤの律法（規範）によって救援が得られるものでもないという、もっと広い神の愛を人々に教えたからです。

ユダヤ教では、今でもイエスをキリスト（救世主）として認めていません。全人類の罪を背負い、代わりに死んでくれた神の息子。その教えは欧米の人たちに博愛精神として刻まれました。西洋の宗教教育が道徳教育としての側面を持っているのもそのためで、それは後に人権思想の成立にも繋がりました。ちゃんと守られてきたかどうかは別ですが。

しかし、韓国のキリスト教は、民族主義で成長しました。「天」思想に着眼したカトリックは、「Ｇｏｄ」の翻訳に「ハヌニム」という民族宗教っぽい言葉を使ったり、普通に「天」の字を使い、神様のことを「天主」と呼びました。現地との融合を試みたのです。今でも韓国ではカトリックのことを「天主教」と言います。

これは普通ですが、プロテスタント（基督教）はもっとセコイやり方でした。「ハヌニム（天を意味するハヌル＋様を意味するニム）」という民族宗教の言葉を誤魔化し、キリスト教の神様を「ハナニム」と呼びました。同じ意味に聞こえますが、実は全然違います。これは「一つを意味するハナ＋様を意味するニム」で、「唯一神思想」を強調したものです。

一種の「パクリ商品」に見えなくもないですが、今でも韓国の基督教では、神様のことを「ハナニム」と言います。経験談ですが、幼い信者たちに「愛国歌の歌詞のハヌニムは間違いで、ハナニムが正しい。国歌を歌う際にはハナニムと歌わないといけない」と教える、これまたセコイ教会もありました。公式にはハ「ヌ」ニムです。

「ハナニムは韓民族を愛してくださいますぞ！」と民族の味方を謳った基督教は、そのまま「当時の列強としては珍しく非キリスト教国」だった日本に対する反日感情を刺激しながら、勢力を伸ばしていきました。

一九一〇年に作られた「黙示図」などの聖書解説書を見ると、映画『クオバディス』で有名な「ローマによるキリスト教への迫害」と「日本による朝鮮半島侵略」を同じ類のもの、「世の末（救世主の再臨が近いため、悪魔どもがキリスト教徒を、とくに厳しく苦しめる時代）の出来事」として説明しています。

その過程で、他の民族宗教と手を組むこともありました。もちろん、戦後には手のひらを返し、基督教の神様による韓民族の優越性を強調し、他の民族宗教は悪魔を信じる邪悪なものだと言い出しました。キリスト教は、支配される時と支配する時とで態度が違うことでも有名ですから……。

「韓国のキリスト教は民族主義と結婚した」

今でも韓民族を「選民」とする韓国キリスト教の民族主義は変わらずで、「韓国のキリスト教は民族主義と結婚した」と誇らしげに本を書いた元老もいれば、「韓民族こそが終末の前に最後の世界宣教のために選ばれたもう一つのユダヤ民族」という主張も当然のものとして認められています。

私がまだプロテスタント教会に通っていた頃もそうでした。メガチャーチ（大勢の人が集まる大きな教会）と呼ばれる所をまわりながら、有名な牧師たちの説教（礼拝演説）を結構頑張って聞いてみましたが、内容はともかく、演説の中にどうしてこうも「民族」という言葉が頻繁に出てくるのか、物凄い違和感を覚えました。

最後の祝辞で「我ら韓民族に祝福を～」と叫ぶ牧師も珍しくありませんでした。低俗な言葉を使った反日表現が多かったのは言うまでもありません。日本側のネットの一角では韓国のキリスト教を「ウリスト教」と皮肉ったりもしますが、実によくできた表現だと思います。

一九四八年に韓国の初代大統領になる李承晩（イ・スンマン）氏も、北朝鮮の首相（後の主席）となる金日成（本名はキム・ソンジュ）氏も、キリスト教徒でした。金日成は共産主義体制のため、後に信仰を捨てたと言われています。

他に、天道教などの民族宗教とキリスト教の共通点は、意外とあります。まず、「負け組」の人たちの間で動き出すこと。よって、敷居が低いのは当然で、律法などの難しい教義を強調しないこと。人間は平等だと言い、その結果、どうしても反政府的になること。キリスト教は元々、神様に判断を委ねる≒暴力禁止のはずですが、現実ではそうでもありません。キリスト教は「唯一神以外は認めない」、韓国の民族宗教は「自民族以外は認めない」こと。メシア（救世主＝キリスト）思想に浸かること。朝鮮中期～末期の『鄭鑑録』という民間の預言書（？）を見ると、いつか鄭道令という人が現れて、鶏龍山に新しい国を作ってくれるという内容があります。

今でも民族宗教を信じる人たちは、鄭道令の降臨を待っていて、大統領候補に「鄭」氏の人が出馬すると必要以上に熱くなったりします。道令は結婚していない男への敬語で、名前ではありません。今の韓国でキリスト教がここまで勢力を拡大できたのは、決して偶然ではないかもしれません。どう見ても、韓国人の古い信仰と相性が良いみたいですから。

「併合は無効だ」と主張した「臨時政府」

しかし、大きな被害を出した三・一運動ですが、扇動者は扇動者に過ぎず、現場で民衆と一緒に戦ったりはしないものです。三・一運動をリードした活動家たちは、国外に逃亡しました。例の三十三人も、ほとんどは拘束まではされず、軽い量刑（最高で三年刑）で済みました。中には、「本意じゃなかった」と自首して無罪判決を受けた人もいます。

活動家たちは上海で抗日組織を作り、一九一九年四月十三日、なんと「政府」を名乗ります。それが「上海臨時政府」です。面白いことに「政府」を名乗る組織は他にもありましたが、同年九月には統合され、「統合臨時政府」になります。一般的に「臨時政府」というと、この統合臨時政府を意味します。

こういう経緯で誕生した彼ら臨時政府が、「宗教」と融合した恐ろしい民族主義思想で武装した人たちであったことは、想像に難くありません。さらに問題なのは、単に組織名ではなく、この人たち、本気で政府のつもりだったことです。

また時間が流れ、一九四五年、日本の敗戦が決まりました。すると、それまで「日本」だった朝鮮半島の人々が、いきなり「戦勝国民」を名乗りだします。日本が朝鮮で悪行に働いたという話ばかり広がっていますが、実はこの時期に日本人（もちろん民間人のことです）が朝鮮半島で「やられた」事例も無数にあります。

有名なヨーコ・カワシマ・ワトキンズさんの「So Far from the Bamboo Grove（邦題

『竹林はるか遠く―日本人少女ヨーコの戦争体験記』）」や、金完燮さんの『親日派のための弁明』に書いてある「和夫一家殺害事件」、北朝鮮側だと「二日市保養所」に纏わる話などをここで紹介しておきたいと思います。他にも事例はありますが、共通する点は、「昨日まで普通に暮らしていた朝鮮の人たちが急変して襲ってきた」という内容です。同じ類の話をご両親や親戚から聞いたことがある、という方もいらっしゃるかもしれませんね。

朝鮮半島の人々は決めたのです。連合軍という大国から与えられた名分を持って過去の支配者を抹殺し、自分たちだけが生き残る、昔ながらのやり方を繰り返すと。「私たちは戦勝国だ。日本は敗戦国だ」、「連合軍が認めてくれた。だから私たちが日本より上だ」、「日本は敵だ。いや今・ま・で・も・敵・だ・っ・た」。

日本という「前の強者」への全否定が始まりました。朝鮮半島を日本から引き離すことにした連合軍としては、こういう動きは嫌いではなかったはずです。わざと放置したことでしょう。そんな人たちに「日本と朝鮮（大韓帝国）は戦争なんかしていない。国際条約で『日本』になっていたじゃないか」という話が効くはずもなく、「日本軍として戦った二万人以上の朝鮮人志願兵たちは何だったんだ」という話が効くはずもなく。

その流れに、臨時政府の主張はぴったりのものでした。「併合は無効だ。日本は違法占拠していただけだ。私たち臨時政府がずっと存在してきたのが証拠だ。だから新しい国の統治も臨時政府が行うべきだ」

大韓帝国→併合時代→大韓民国の歴史などなかったことに

さて、ここでまた正統性の話が出てきます。一九八五年に発売された小室直樹さんの『韓国の悲劇』という本に面白い記述があります。まだ「嫌韓」という言葉もなかった頃、客観的な視点で分析された韓国関連書籍です。

ポツダム宣言のあと、日本の朝鮮総督府は、統治権を移譲するプロセスに入りました。しかし、独立運動のリーダーだった二人が喧嘩を始めます（※『韓国の悲劇』五十八～五十九ページからの引用。人名の読みがなは韓国式に直しました）。

「呂運亨（ヨ・ウンヒョン）は、日本がせっかく統治権をくれるというのだからもらおうじゃないか。平和に独立ができるのだから、こんなけっこうな話はあるまい、という意見である。これに宋鎮禹（ソン・ジン - ウ）は猛反対した。日帝からもらった統治権で『独立政府』など作ったりしたら、その政権は、朝鮮総督府の後継者になってしまう。国民からは、日帝の傀儡《かいらい》政権だと思われるだろう。日帝の朝鮮統治の正統性《レジティマシー》を認めたことにもなる。

絶対反対だ。金九（キム・グ）主席の『大韓民国政府』こそ韓国の正統政府だから、これを重慶からむかえて、独立韓国の政府とすべきである」

ここで言う「大韓民国政府」というのが、臨時政府のことです（「大韓民国」は、臨時政府の国号でした）。

臨時政府は、自分たちが一九一九年三月一日に設立したと主張しています。別の政府を新しく作ると、朝鮮半島の統治権は**〈大韓帝国（〜一九一〇年）→日本（〜一九四五年）→日本から統治権を継承する大韓民国の新しい政府〉**になるため、日帝の正統性を認める（日帝から受け継ぐ）ことになるから、絶対反対だというのです。それでは、「民族正統性」が断絶されるからです。

だから、臨時政府を政府として迎え入れるべきだ、すなわち、**〈大韓帝国（〜一九一〇年）→臨時政府（一九一九〜）→臨時政府を継承する大韓民国政府〉**にすべきだ、ということです（九年間の誤差がありますが、なぜか誰も指摘しません）。

簡単に言うと、大韓帝国→併合時代→大韓民国の歴史は「正しくない」からなかったことにして、大韓帝国→臨時政府→大韓民国が「正しい」から、こちらを正統性にしよう。間違っても併合時代などを認めてはならない。そういう意味です。49ページの小此木政夫教授の話と照らし合わせてみてください。

「憲法前文」に記された「大韓民国は一九一九年からずっとあった」宣言

日本による併合もそれからの独立も、当時の国際法に基づいて合法でした。しかし、韓国は「併合時代を否定する」姿勢を崩しません。合法などの根拠より、民族正統性が大事だったのです。それが「正しい」から。

一九四八年七月十二日に制定された、大韓民国の初めての憲法前文に、その考え方が露骨に現れています。

「悠久の歴史と伝統に輝く私たち大韓国民は己未三一運動で大韓民国を建立し、世界に宣布した偉大な独立精神を継承し、今や民主独立国家を再建するに当たり、正義、人道と同胞愛により民族の団結を強固にし、すべての社会的弊習を打破し、民主主義制度を樹立し、政治、経済、社会、文化のすべての領域において各人の機会を均等にして能力を最高度に発揮させて、各人の責任と義務を果たすようにし、内には国民生活の均等な向上を期して、外では恒久的な国際平和の維持に努力して私たちと私たちの子孫の安全と自由と幸福を永遠に確保することを決意し、私達の政党、また自由に選挙された代表として構成された国会で檀紀四二八一年七月十二日に憲法を制定する」

「大韓民国憲法前文」の定義は、「大韓民国憲法の公布文であり、憲法制定の歴史的過程、目的、憲法制定権者、憲法の指導理念や原理などを規定している」ものです。

「己未」というのは一九一九年のことです。一九一九年の三月一日に起きた三・一運動で大韓民国を建立したと言い切っています。それは、彼らが主張する「政府（臨時政府）」が三・一運動の日に設立を宣言したため、時を同じくしてすでに大韓民国は始まっていたという主張です。

二〇一四年八月十五日の「韓国経済」の記事に、国史編纂委員長を務めたイ・マンヨル淑明女子大学名誉教授の言葉として、次のような説明がされています。

「憲法によると、一九四八年には、国を建てたのではなく、（臨時政府を継承する）政府を樹立しただけだ」、「一九四八年の政府樹立を宣言した当時の李承晩大統領を含めて、誰も建国という言葉を標榜していなかった」

大韓民国は一九一九年からずっとあった。だから併合時代はなかったのだ……これは、別に、一九四〇年代だけの話でもありません。このダダコネみたいな主張が今でも韓国政府公認だというと、皆さんは信じられますか？　いや、考えてみると、時間が流れたとしても、国の根本理念が変わるはずがありません。

「韓日併合条約」も無効⁉

一九九五年十月五日、日本の国会の質疑応答で、当時の村山富市総理は「韓日併合条約は当時の国際関係等の歴史的事情の中で、法的に有効に締結、実施されたもの」と話したことがあります。別に「良いか悪いか」を論じたわけでもなく、合法性について答えただけなのに（村山総理はかなりの親韓派の方です）、韓国側は強く反発しました。

一九九五年十月十日の聯合ニュース及び十一日の東亜日報など複数のマスコミの報道から、韓国外務部（韓国の外務省）が「政府としては、この条約が国民の意思に反して強引に締結され、そのため、基本的に無効であるという立場を明らかにする」と声明を出したことが確認できます。

同年十月十六日には、国会で決議案が採択されました。

「ちょうど我らが国会は、『大韓帝国と日本帝国の間の乙巳勒約（日韓保護条約）についての日本の正確な歴史認識を要求する決議案』を満場一致で採択、韓日合邦（日韓併合）などが強制によるもので、源泉的に無効の条約だったことを再確認した。この決議は国民の代議機関が採択した国民の決議であるという点で、まずは政府からして尊重する必要がある。この決議こそは帝国時代の国家的犯罪を反省しようとしない今日の日本右翼指導層に送る韓国国民の一致した警告である。未だ「奪う側の理屈」で歴史を捏造しようとする日本指導層たちは、今からでも韓日合邦条約が無効であることを宣言すべきである。それこそが歴史の真実に符合し、隣人に贖罪する道だ。また所謂『自虐史観』を克服し、地球上全体の人類と共に平和と和解の未来を開く『開かれた道』であることを日本指導層は明らかに悟るべきである、そうでなければ日本自らの恥となるであろう（一九九五年十月十八日、東亜日報）」

反日記事の書き方は今と全く同じですね。

連合軍の誰も気に留めなかった「臨時政府」

しかし、本当にそうでしょうか。世の中はそう甘くありません。臨時政府など、連合軍はまったく認めていませんでした。連合軍が当時の朝鮮半島の合法的統治者だと認めていたのは日本です。

朝鮮半島の統治権は、日本からアメリカに（一九四五年）、アメリカから韓国政府（一九四八年）に移譲されただけです。もちろんここで言う韓国政府は、〈一九一九年ではなく、一九四八年にできた〉大韓民国政府のことです。

実は、一九四五年二月のヤルタ会談で、すでにアメリカとソ連などにより、朝鮮半島の統治を連合軍に任せるという「信託統治」方針が決まっていました。臨時政府？　What's That?　誰もそんなもの気にしませんでした。

もちろん、信託統治といっても、うまくいきませんでした。アメリカとソ連の力比べが、すでに始まっていたからです。結果、後に「三・八線」と呼ばれることになる朝鮮半島の北緯三十八度線を基準に、アメリカ主導で南側に大韓民国が成立（一九四八年八月十五日）し、ソ連主導で北側に朝鮮民主主義人民共和国が成立（一九四八年九月九日）するという、各陣営での独立政府樹立という形になります。それぞれ、「社会主義（共産主義）」、「民主主義（資本主義）」という、ソ連とアメリカが主導する冷戦時代を前もって象徴するようなものでした。

この約三年の間、いわゆる「軍政期間」のプロセスを見てみると、朝鮮半島の統治権移譲は明らかに**日本→連合軍（軍政）→韓国**になっています。

例の『韓国の悲劇』にも、同じ趣旨が書いてあります。見てみましょう。

「アメリカ軍が、交渉の相手として選んだのは、日本の朝鮮総督府と朝鮮軍管区軍であった。

一九四五年九月九日、降伏の調印式において、米側代表は、沖縄第二十四軍団長ホッジ中将と、第五十七機動部隊司令長官のキンケード大将。日本側は、朝鮮総督阿部大将と、朝鮮軍管区軍司令官上月中将。この四人が降伏文書に署名した。このことの重要性は強調されすぎることはない。

韓国人の頭ごし、いや、韓国人は無視された。

これは致命的である。

まもなく、九月十一日から軍政が施かれることになったが、この軍政施行の正統性《レジティマシー》は、朝鮮総督がアメリカ軍に降伏したことによって発生した。つまり、韓国の統治を、アメリカ軍は、日本からひきついだのであった。この間、韓国人は一切、介入していない。
アメリカは、日本から、韓国の征服をひきついだのだった（『韓国の悲劇』六十四ページより）」

もともと韓国政府の主張は、「日本の統治権（併合時代）は違法で無効で、何の正統性もない。だから大韓民国政府が半万年の民族正統性を受け継ぐ」というものでした。しかし、韓国が何を主張しようと、この朝鮮半島の歴史において、併合時代の正統性は消せない存在として刻まれていたのです。民族正統性など、この時点ですでに破綻しています。

前例のない反日国家の誕生

では、一九四五～一九四八年の軍政期間に、臨時政府関係者たちは何をしていたのかというと、殺し合いに熱心でした。

信託統治反対、単独総選挙（南側だけの政府樹立）反対……、これといった代案もなしの扇動がまた扇動を呼び、韓国では無数の犠牲者が出ました。

そんな中、一年前まで仲間だと呼び合っていた臨時政府関係者たちの「愛国ごっこ」もまた、血なまぐさい権力争いに変わっていました。北朝鮮と韓国が共に「民族政府」を作るべきだとする金九氏と、アメリカの意向通りに「単独政府（南側だけ）」樹立を支持した李承晩氏の争いがとくに有名です。結局、金九氏は暗殺され、李承晩氏が韓国の初代大統領に選出されます。李承晩氏は、臨時政府の初代大統領でもありました。

わずか六十七年前、合法的「根拠」よりも感情的「正しさ」を正統性とする矛盾を抱き、こうして大韓民国が誕生しました。日本を否定することで半万年の肯定を手に入れた、前例のない反日国家として。

第三章　朝鮮戦争もまた「正統性」を巡る争い

第一節　「親日」を法で裁く国

「反対意見を許さない」が美徳になる

いくら優れた市民といってもしょせんは一人の個人であり、行動も考え方も、正しいと信じる基準も、人それぞれ異なります。彼らの自発的な意識だけに社会の秩序を託すわけにはいきません。だから強制的に社会の各部分を制限し、社会全体の向かうべき方向や理念などを示すためには、他律的な「強制力」も必要です。

それが法律です。法は、強制力を持っているからこそ、客観的に、公正に運用されなければなりません。よく切れる刀ほど、扱いには腕が必要なものですから。

人々は時として「自分たちの正義」に対し、法律による保障を求めます。しかし、正義とは人の数だけあるものです。ある人たちの正義が、他の人たちにとっても正義として成立するとは限りません。法の力は、ある正義に「他の正義」にまで強制的に干渉できる力を与えてしまいます。この正義と合法のバランス取りはなかなか難しいものです。しかし、法律の「正統性（認める根拠）」と「正当性（正しいという判断）」の両立という意味で、ずっと追求しなければならない、私たち人類の宿題でもあります。

その過程でもっとも邪魔になるのが、今まで何度か書いた「正しいという主観的感情を正統性（統治の根拠）とする」態度です。

韓国では、「国民感情が法律よりも上にある」とよく言われます。その国民感情は、多数の意見ではありますが、客観性や根拠などは乏しく、感情的に噴出された意見にすぎません。また、決して「皆で同意した満場一致」ではありません。「反対意見を許さない」という抑圧の上に成り立っているだけです。それはやがて美徳や道徳のようになり、「正しさ」を主張します。結果、法律と混ざり、逆らえない存在となっていきます。

韓国は、それを法よりももっと上に置くミスを頻繁に犯しています。最悪なのは、それを他国、とくに日本に対して「お前たちも従え」と、押し付けている所です。

「合法的反日」による大掃除・「反民族行為処罰法」

過去の朝鮮半島の国々にも、反日思想はあったかもしれません。しかし、それが法規範

（法の適用基準）として機能していたのかというと、私は違うと思います。

大韓民国の反日思想が過去の国々と根本的に違うのは、この反日の法的根拠、すなわち強制力です。「反日」という国民感情は、大韓民国になってついに最終目標を成し遂げたのです。

私がブログや『韓国人による恥韓論』などに韓国の憲法前文を紹介してから、一部で「そんなの憲法本文でもないではないか」という反論をしかける人たちもいました。しかし、韓国の憲法裁判所は一九八九年の国民の基本権に関しての判断、一九九二年の国家保安法に関しての判断、二〇〇一年の「三・一運動精神」に関する判断、そして二〇〇五年の独立運動家たちへの処遇に関する判断などにおいて、この憲法前文を裁判の規範として使っています。憲法前文は本文と同じく裁判の規範（法規範）として機能するという意味です。

99ページで紹介した通り、韓国の憲法前文は臨時政府の正統性を明記（＝「大韓民国は一九一九年三月一日に建立された」）したことで、併合時代は日本による違法占拠だと決めつけました。この意見に逆らうと、民族正統性を打ち切る大悪人になってしまいます。併合時代に日本に協力的だった人たちは「法的に」逆賊（反政府勢力）でしかなくなりました。彼らを「親日派」と言います。

さっそく一九四八年九月、「合法的反日」による大掃除が始まりました。「反民族行為処罰法」というものが制定されたのです。

その内容は、「日韓併合に積極的に協力した者は、死刑又は無期懲役に処し、その財産の全部または一部を没収する。日本政府から爵位を受けたり、帝国議会の議員になった者、または独立運動家を殺傷・迫害した者は、無期又は五年以上の懲役に処し、財産の一部または全部を没収する。このほか、悪質な反民族行為をした者は、十年以下の懲役に処し、又は十五年以内での公民権を制限し、財産の一部または全部を没収する」というものです。この時点からすでに「反民族」と「親日」が同じ意味で使われているのは、本書の流れ的にも要注目です。

「不遡及の原則（法律は成立する前の事案に対しては効力がないという近代法律の鉄則の一つ）」に見事に違反するのはもちろんのこと、当時は「連座制（親族にまで罪を問う）」などが普通だったため、家族まで被害を受けたのは言うまでもありません。

でも、そんなことどうでもいいです。国民感情ということになっていますから。これが絶対正しいということになっていますから。「そうでなければ大韓民国が成立しません」

から。逆に、親日な意見は反民族的なものとして潰されます。今もなお続いている、息の詰まる弾圧です。

当時は朝鮮戦争が始まったせいで、この法律の執行はうやむやになりましたが、二〇〇〇年代に別の形で復活し、韓国の反日思想を牽引することになります。併合時代に先祖が日本からもらった土地などを没収するという具体的な法律から、「憲法前文に記載された三・一運動の精神は我が国の憲法の歴史的・理念的基礎として、憲法や法律の解釈基準として作用する」という、広い範囲に及ぶ裁判結果まで。

第二節　「民族相残の悲劇」朝鮮戦争の真実

朝鮮戦争は「統合」のための戦いではなかった？

一九五〇年六月二十五日。敗戦した隣の国を、敵国、いや絶対悪の国とし、「私たちは正義の味方だ」と優越感に浸かっていた韓国。しかし、敵は北のほうにありました。朝鮮半島の北半分、朝鮮民主主義人民共和国（北朝鮮）の侵略により、朝鮮戦争が始まります。北朝鮮軍の奇襲に、韓国軍は一方的に負け、首都ソウルを奪われ、連合軍が助けに来るまで何もできませんでした。

朝鮮戦争（韓国では韓国戦争、または六・二五と呼びます）は、同じ民族同士の戦争という意味で韓国では「民族相残（同族間の残酷な争い）の悲劇」という表現が一般的に使われています。連合軍が参戦してからは統一（北朝鮮まで韓国と連合軍が占領する）を目指したこともあり、民族が統一するために戦ったという見方もあります。実際、そういう側面もありました。

しかし、朝鮮戦争について調べれば調べるほど、「統合」のための戦いだとは思えなくなってしまいます。他はともかく、戦時、そして、戦争が終わってからも、関係した民間人被害が大きすぎます。戦線が半島全域を移動したからという見方もありますが、基本的には「民間人お構いなし」の無差別な砲撃・爆撃と、わざと行われた「虐殺」が多いからです。

もともとは共産主義からの転向者やその家族を再教育するために作られた「国民保導連盟」。戦争が始まると、李承晩政権は彼らを危険人物だとして虐殺しました。

一九六〇年の遺族からの申告による報告書によると、その数は百十四万人に及びます。山清（サンチョン）、咸陽（ハムヤン）、居昌（ギョチャン）で行われた韓国軍による民間人虐殺（千五百人前後）、普及物資の横流しなどにより、戦うこともできずに十万人以上の徴集兵が凍死、餓死していった「国民防衛軍事件」などなど。

北朝鮮軍による虐殺は言うまでもありません。「ソウル大学病院虐殺事件（ソウル大学病院に入院していた民間人と軍人など約千人を無差別虐殺した事件）」を始めとする、「民間施設もとりあえず殲滅しておく」方式の虐殺。気に入らない人を適当に裁き、公開処刑した「人民裁判」などなど。

戦争が始まると何もせずに逃げていた李承晩大統領は、ソウルを奪還したあとにノコノコと帰ってきて、北朝鮮軍の荷物を運んだりご飯を作ってやったりした人たちを全員「附逆者」とし、逮捕、処刑しました（警察による検挙十五万人、合同捜査本部による逮捕一万七千人、裁判所記録だけで死刑宣告千人以上）。

二〇一四年五月二十四日のハンギョレ新聞に載っているハン・ホング教授の寄稿文によると、「（首都奪還までの）三カ月の間に北朝鮮に協力したという理由で死刑された人の数が、日帝三十六年間に死刑された独立運動家の数より多いのではないか」となっています。

行政安全部の作った公式動画によると、朝鮮戦争では「四百二十万人が死傷、一千万人以上の離散家族が発生」。民間人の人命被害は韓国が約百万人、北朝鮮が約百五十万人とされていますが、虐殺事件などの犠牲者数はちゃんと反映されていない数字です。

韓国は分断を強大国のせいにしています。とくに、「日本に併合されなかったら分断もなかった」という理由で「分断は日本のせいだ」という意見も広く認められています。しかし、違います。朝鮮戦争にもまた、正統性が関わっています。ここで言う正統性は、詳しくは「朝鮮半島の合法政府」を意味します。

お互いを「国家（合法政府）」として認めていない

また時系列が乱れることになりますが、朝鮮戦争から二十年後、一九七三年六月二十三日の東亜日報の一面を紹介しましょう。当時の朴正熙（パク・チョンヒ）大統領による「平和統一外交政策に関する特別宣言」の記事が大きく載っています。これは後に「六・二三宣言」と呼ばれるようになります。

実は、この時までは、口では「平和統一」と言いつつも、韓国には「いつか北朝鮮を踏み潰してやる」という「復讐心」がありました。しかし、アメリカを始め、どこの国も朝鮮半島で戦争が再開されることを望んではいませんでした。言うまでもなく、戦争再開は韓国への投資にも良からぬ影響を及ぼします。そういう背景もあって、朴正熙大統領はわざわざ「平和」を宣言したのです。軍人出身の反共主義者だった彼としては、嬉しくないことだったかもしれませんが。

「平和統一は私たち民族の至上課業である」、「南北は内政に干渉しない、侵略しない」、「統一の邪魔にならないなら、北朝鮮と一緒にＵＮ（国際連合）加入することにも反対しない（実際に加入したのは一九九一年です）」、「平和善隣が大韓民国の対外政策の基本である」などなど。憲法前文に「平和統一」という字が明記されたのも、一九七二年十二月からです。

しかし、同じ面のすぐ下のほうに、朴正熙大統領の「（UNへの同時加入に反対はしないが）北朝鮮を国家として認めるわけではない」という言葉が、これまた大きな字で書いてあります。

それもそのはず、韓国と北朝鮮は、一九四八年からしてすでにお互いを「国家（合法政府）」として認めていません。いわば、北朝鮮は韓国から見ると「国」ではありません。韓国の北半分を違法占拠している集団に過ぎません。北朝鮮も韓国に対して同じ見方をしています。だからお互い「お前は傀儡政府だ」と非難しあっています。

ですが、率直に言って、国でないとすると何だというのだ……という気もしますし、実際にいろいろと矛盾があります。とくに、韓国の憲法第三条と四条は「矛盾している」ことで有名です。

三条は「領土条項」と言われ、「大韓民国の領土は韓半島とその付属島嶼とする」ことが明記されています。韓半島全域＋島々が韓国の領土なら、北朝鮮は「国」として存在できなくなるわけです。だから北朝鮮は韓国にとっては国家（政府）ではなく、「反国家団体」、または「未修復地域」ということになっています。

しかし、「統一条項」である四条がまた問題です。「大韓民国は統一を志向し、自由民主主義的基本秩序に立脚した平和的統一政策を樹立し、それを推進する」。三条で半島全域が国土だとしておいて、四条の「統一」は何と何の統一だというのか？　という矛盾です。「反国家団体」と統一するわけではないでしょうし。

この三条と四条に関する議論はずっと続いてきましたが、一九九〇年四月二日、憲法裁判所の判例で「憲法第三条の領土条項と第四条の統一規定は、両立が可能であり、相互矛盾関係だと見ることはできない」とされ、一応決着がつきました。

四条の「自由民主主義」というのは私有財産制や市場経済体制を意味するため、統一は韓国の憲法体系の下に行われるべきであると解釈できるのがその理由だそうです。よくわからないけれど、こうして、「北朝鮮は国家ではない」主張は今でも続いています。

朝鮮半島の「嫡流」争い

アメリカや日本は韓国のそういう主張を受け入れ、韓国を「朝鮮半島の唯一の合法政府」としているため、北朝鮮を国家として認めていません。日本のテレビ放送などが「北朝鮮、朝鮮民主主義人民共和国……」というややこしい呼び方（普通なら国名だけでいい）をするのも、そのためです。もちろん、中国や旧ソ連は北朝鮮だけを「国」として認めてきましたが、今は（旧ソ連が一九九〇年から、中国が一九九二年から）北朝鮮と韓国の両「国」と外交関係を持っています。これを「南北等距離外交」政策と呼びます。本当に等距離なのかは微妙ですが。

このように、周りの国々から見ると「面倒なやつらだ」でしかないものの、韓国と北朝鮮は、「一方の主張を受け入れると、もう一方は消滅する」、やるか、やられるかの関係です。

朝鮮戦争にもそういう認識が作用しています。まるで、大国（韓国はアメリカ、北朝鮮はソ連）から与えられた名分を持って、二人の息子が「私のほうが朝鮮半島の嫡流（正統性を持つ者）なんだよ！」と、「上か、下か」を決めるために殴りあっているようなものでした。

そして、一九五三年七月二十七日、休戦協定が結ばれます。朝鮮半島は、莫大な被害だけを残し、三十八度線での分断状態に戻りました。

第三節　大韓民国初代大統領・李承晩氏の醜い独裁

私欲の「四捨五入改憲」と反日の「李承晩ライン」

朝鮮戦争が終わってからも、韓国は何も変わりませんでした。戦後復旧もうまく進まず、経済も政治も社会も安定せず。李承晩政権はカンペ（暴力団）や警察を動員して反対派を潰しながら自分勝手に改憲を強行し、独裁を続けていました。日帝と戦った愛国者を自称していた李承晩氏。しかし、大韓民国の第一～三代大統領（一九四八～一九六〇）として君臨していた彼の姿は、ただ自分のことしか考えてない醜い独裁者でした。

彼の独裁っぷりの中でも、「四捨五入改憲」というのを一つ紹介しましょう。

一九五四年、李承晩大統領による二次改憲の時のことです。重任（二回就任）までしか認められていなかった大統領制度を三選（三回就任）も可能にし、内閣に対する国会の連帯不信任権をなくすなど、これは自分の権力延長のための改憲であることが明らかでした。

当時の与党だった自由党はさまざまな手を使ったものの、改憲案の通過に必要な「在籍議員二百三人の三分の二である百三十六人が賛成」に一人足りない百三十五人の賛成しか得られず、十一月二十七日、この改憲案は否決されました。

しかし十一月二十九日、なんと「二百三人の三分の二は百三十五・三三三だ。〇・三三三人というのは存在しない。だから四捨五入により、通過に必要な人数は百三十五人である」というトンデモ理屈で、「二十七日の改憲案は通過されたとする」決定に至ります。某大学の数学教授を国会に呼んで「四捨五入についての説明」をさせる寸劇まであったと言われています。今でもこの二次改憲は「四捨五入改憲」と呼ばれています。

そして、さらなる欲に目がくらんだ李承晩大統領は、一九六〇年三月十五日の大統領選挙の時、後に「三・一五不正選挙」と呼ばれる大規模の不正選挙（事前に李承晩氏を選んだ票を不正投票しておくなどの方法でした）を行い、それがバレてしまいます。非公式な記録ですが、「投票の四十%が操作されたもの」で、隠蔽する術もなかったと言われています。

爆発した民心は暴動となり、「四・一九義挙」と呼ばれる大規模デモを始め、全国的に反政権デモが発生しました。結局、李承晩大統領は辞任し、アメリカへ亡命してしまいます。五千年の歴史からなる韓民族の正統性を謳った大韓民国。その初めての指導者は、私欲のために十二年の年月を無駄にし、そうやってこの国を去りました。一九六〇年五月のことです。

もちろん、そんな中でも、李承晩大統領は数々の反日政策だけはちゃんとやっておきました。特筆すべきは、竹島強奪です。「李承晩ライン」という海洋境界線を設定し、なんと朝鮮戦争中に日本の竹島を強奪したのです（一九五二年）。

その「侵略」により、大勢の日本人が犠牲になりました。当時日本の米国大使だったマッカーサー二世は本国への電文で、韓国が竹島占有を解き、拿捕《だほ》した日本の漁師など民間人を釈放しないかぎり、両国の友好な関係はいつになっても来ないだろうという憂いを書いています。結果、そのとおりになっています。

アメリカも懸念した？　民族主義の台頭

一九六〇年六月、また改憲が行われ、李承晩大統領のような独裁者が現れてはいけないという意味も込めて、大韓民国は「責任内閣制」という制度に変わります。これは、大統領は存在するものの、内閣は議会の信任を必要とする、議員内閣制のような制度です。その制度で選出された尹潽善（ユン・ボソン）大統領と、張勉（ジャン・ミョン）総理内閣による政治が始まります。

大統領も総理も、同じく独立活動家出身で、民族主義思想も、反日思想も半端なく強い人でした。一説によると、民族主義志向の強い政権の出現を、アメリカも心配していたそうです。

当時の韓国は、経済的にも明らかに北朝鮮に遅れを取っていました。もし韓国の民族主義がさらに強くなり、「北朝鮮と私たちは一つの民族だ」という親北志向の考えがこれ以上高まると、そのまま共産主義革命に繋がるのは火を見るより明らかだったからです。朝鮮戦争などは強大国の利害関係のせいで起きただけで、北朝鮮は同じ民族、仲間だ……という、民族主義の恐ろしい一面です。

しかし、尹潽善大統領の時代はあっさり終わってしまいます。一九六一年五月十六日、朴正熙（パク・チョンヒ）少将などによる軍事クーデターが発生したからです。

第四章　「反日思想」を復権・暴走させた九次改憲

第一節 「反共」命！ 朴正煕大統領の思惑

「反共」こそが最大最高の理念

朴正煕氏は、李承晩氏や尹潽善氏などとはまったく違う人でした。李承晩氏も尹潽善氏も臨時政府の関係者で、とにかく何があっても反日で、力もないくせに今すぐ統一すべきだと、口ばかりイキイキしていました。

しかし、朴正煕氏は、逆に（併合時代に）日本軍出身で、それからも韓国軍で「将」を務めた人です。彼は、まさに軍人で、何よりも「反共」こそが最大最高の理念、北朝鮮こそが何より憎い敵でした。そして、韓国には力が足りないという現実についてもまた、彼は熟知していました。

朴正煕氏を始め五・一六クーデター（当時は五・一六軍事革命、または五・一六軍事政変と呼ばれていました）に成功した勢力は、同じ日に「軍事革命委員会（後に「国家再建最高会議」に改名）」という組織を作ります。最初は朴正煕氏が副議長で、議長は張都暎

（チャン・ドヨン）陸軍参謀総長でした。しかし、朴正熙氏は、一方では軍内部の反対派を潰し、もう一方では支持勢力を着実に増やし、一九六一年七月に国家再建最高会議の議長になり、事実上の指導者となります。

三十年に渡る「軍事政権」の始まり

「前の支配者を叩き潰さないと気がすまない」のは朴正熙氏も同じでした。権力を手に入れた国家再建最高会議は一九六二年三月、政治家たちに罪を問う「旧政治人浄化法」という法案を作り、国民の怒りを政治家たちに回します。これに尹潽善大統領が激怒、抵抗の意味も込めて大統領職を辞任してしまいます。すると朴正熙氏は、まるでそれを待っていたように、「大統領職務代行」を名乗り、大統領としての権限を行使するようになります。これが事実上の「軍事政権」の始まりで、一九九二年まで続くことになります。

ただ、国家再建最高会議もバカではありませんでした。アメリカの顔色も気になったでしょうし、このまま国の政治を掌握するのは負担が大きすぎたのでしょう。朴正熙議長が民間人として（軍を退役して）立候補しても十分に勝てるという自信の下、彼らは「民政移管」という方針を掲げ、「もうすぐ民間に政治を返す」と発表します。もうすぐ選挙をやって、民主的に大統領が選ばれるようにする、ということです。

そして、国家再建最高会議は民政移管の前に、憲法を改正して選挙制度を大統領直接選挙制度に戻します。当時は責任内閣制でしたが、国民投票による大統領直接選挙制度に戻すことにより、大統領の権限を再び強化しておいたのです。自分たちの将来を見据えての措置でした。

あとになって、朴正熙氏のライバル、金大中氏との支持率が大差ない状態になると、一九七二年にはまた大統領間接選挙制度（国民投票ではなく、議会など特定の団体による選挙で大統領を決める制度）に変わります。このように「自分に有利」にルールを変えまくった韓国の改憲の歴史は、章の最後にまとめておきます。

「私たちの歴史は、退嬰《たいえい》的で粗雑で沈滞の連鎖だ」

そういう内容も含めて、一九六二年十二月十七日に憲法改正案が提出され、国民投票で承認されました。大韓民国の憲法が一九四八年にできてから早くも五次改憲です。この際に、一九四八年からたいして変化のなかった例の憲法前文が、ずいぶんと変わることになります。99ページの一九四八年版と比べてみてください。

「悠久の歴史と伝統に輝く私たち大韓国民は三・一運動の崇高な独立精神を継承して四・一九義挙と五・一六革命の理念に立脚して、新しい民主共和国を建設するに当り……（前のものと同じ部分は中略）……永遠に確保することを約束して、一九四八年七月十二日に制定された憲法を今、国民投票によって改正する」

自分たちの行いをさっそく憲法前文に「革命」として刻んだのがまず目立ちますが、本書の趣旨的に気になるのは、二つです。

まず、「大韓民国と臨時政府の関連性」が弱体化されている部分です。三・一運動は明記されているものの、「己未（一九一九年）三・一運動で大韓民国を建立し～」の部分、すなわち現政府と臨時政府をつなぐ正統性に関する部分は、消えました。一九六九年と一九七二年の憲法改正でも、臨時政府またはそれに関する表記が復活することはありませんでした。また、一九六二年から公式的な暦の表記が檀君紀元暦から西暦に変わり、「半万年」を意味する檀君紀元暦が、普通の西暦表記になりました。

この部分だけではありません。朴正熙氏は、戦後の韓国を支配していた「民族主義思想」にかなり批判的でした。韓国の民族主義は基本的に「韓民族こそがもっとも優秀な民族である」と、韓民族に対する全肯定が基本になっています。しかし、彼は著書『国家・革命・私（※邦題は『国家・民族・私』）』にて、「私たちの歴史は、退嬰《たいえい》的で粗雑で沈滞の連鎖だ」、「五千年の歴史は改新されなければならない」などの言葉を残しています。

「民族正統性を毀損した怨讐《おんしゅう》（仇）」とは

一九六二年に朴正熙政権が始まるまでは、今まで書いてきた通り、神聖なる「民族正統性」を傷つけた仇は日本で、それがそのまま反日思想に繋がっていました。これは、朴正熙大統領にとっては邪魔でした。

もちろん、未だ韓国の左派（リベラル）勢力が主張しているように、彼が「親日」だったというわけではありません。彼は同じく『国家・革命・私』に韓国が日本的なものに染まることを望んでいないとハッキリ書いているし、独島（竹島）問題などに対しても領有権を強くするためにいろいろな措置を取りました。

各種演説でも、民族の正統性という表現を無数に使っています。また、過去の歴史そのものに対しても、批判はするものの決して嫌悪していたわけではなく、誰からも見向きされなかった大韓帝国の皇族たちへのそれなりの支援も行いました。

ただ、彼にとっては、反共、北朝鮮に奪われた領土の半分を取り戻すことのほうが、反日よりもっともっと大事だっただけです。そのためには、韓国人の精神を支配している民族主義思想の力の矛先を、日本から北朝鮮に、過去の敵から現在の敵に変える必要がありました。

彼の政権が全盛期だった一九七四年十月三日、金鍾泌（キム・ジョンピル）国務総理が代理で読み上げた「開天節（古朝鮮が建国された日とする韓国の祝日）」慶祝辞からも、彼にとっての民族の正統性は反共が優先だったことがわかります（同日の毎日経済、「朴正熙大統領、民族正統性を最後まで守護」という記事から引用）。

「朴正熙大統領は三日午前〝大韓民国の安全保障は、すなわち私たちの民族的生存権と直結されており、民族史的正統性は、すなわち私たちギョレ（民族）の生命力〟と前提し、〝だからこそ私は大韓民国の安全を脅かす北傀（北朝鮮の傀儡政府）共産主義者たちのいかなる武力挑発も決して容納せず(受け入れず)、また民族的自尊や民族史的正統性を毀損しようとする外部のいかなる挑戦に対しても強く対処していく〟と表明した」

こういう彼の考え方と憲法前文の改正は、決して無関係ではないと私は見ています。大韓民国の歴史上、憲法前文から「臨時政府」の存在が消えたのは一九六二年〜一九八七年の間だけです。この二十五年間こそ、韓国において「反日の法的根拠」、すなわち反日の正統性が弱まり、もっとも反日思想が薄かった時期でもあります。一九七〇〜八〇年代に韓国を訪れたことのある日本の方々も、同じ感覚をお持ちではないでしょうか。

当時、韓国人にとっての「民族正統性を毀損した怨讐《おんしゅう》（仇）」は、過去の日本ではなく、現在の北朝鮮でした。朴正熙は、わかっていたのかもしれません。反日を弱体化させるには、まず臨時政府の正統性を弱体化させておく必要があったことを。

二年前に、彼の生家周辺に作られた記念公園を訪れたことがありますが、「貧困は国様も救えない（貧しさだけは王様もどうにもならない）」という韓国の諺を皮肉りながら、「朴正熙大統領は、貧困から民を救えるのは国だけだという信念を持っていた」という一文が書いてありました。彼にとって「民族」の大事さは、「これからどうなるのか」であり、「いままでどうであったか」ではなかったのです。

私は朴正煕元大統領のやり方に全的な賛辞を贈っている人間ではありません。しかし、彼のこういう側面は、私だけでなく今の大韓民国の全国民がちゃんと見習い、受け継ぐべきだと思っています。

「革命公約」に記された極度の「反共政策」

大統領になってからの彼の政治は、五・一六クーデターの「革命公約」そのままでした。

「反共を国是の諸一義とし、今まで形式と口ばかりだった反共を強化して侵略に備え、国連憲章を遵守し国際協約を履行し、米国を始めとする自由友邦との紐帯《ちゅうたい》を強化することで国際的孤立から離れなければならず、旧政権下にあった全ての社会的腐敗や政治的旧悪を一掃し、清新な気風の振作（奮い起こすこと）と衰退した民族道義と民族精気を正すことで民族民主精神を培い、国家自立経済再建に総力を傾注し飢餓線上で彷徨う民生苦を解決することで国民の希望を高め、北韓共産勢力をひっくりかえす国家の実力を培養することで民族の宿願である国土統一を成し遂げる」

言うまでもなく、この革命公約は・親米政策・日本との外交関係正常化を始めとする民主主義国家との連帯政策・国民意識改革（セマウル運動など）を含めた経済成長優先政策・恐ろしいまでの反共政策として現れることになります。

ケネディ大統領への報告書――アメリカが韓国を大事にすべき理由

一九六三年の大統領選挙で見事に五代大統領に当選した朴正熙大統領。彼は就任後すぐに、日韓関係の改善を訴えるようになります。それは単に彼の意志だけでもありませんでした。

一九六一年、アメリカのケネディ大統領は、就任演説の時から、思わしくない状況の国々に対する経済援助を拡大する政策を謳っていました。彼はこの政策が損得勘定によるものではなく、当然そうすべきことであるという多少感情的、善悪的な側面を強調しました。しかし、これこそ当然ですが、貧しい国々での共産主義革命を防ぐという目的もありました。すでに植民地で繁栄する時代は終わり、共産主義と民主主義の二大陣営による力比べの時代に入っていました。共産主義革命はいつも貧しい国で起きるものですから、経済援助は共産主義陣営の拡大を防ぎ、さらにはアメリカに同調してくれる「親米国」を増やすという狙いもあったのです。

そんな中、悩みの種が韓国でした。それまでもかなりの援助をしてやったし、朝鮮戦争の時にもあんなに血を流して守ってやったのに、李承晩政権の無能、不正、社会混乱のせいで政治も経済も改善の兆しは見えず、朝鮮戦争からの戦後復旧も進みませんでした。一九六〇年の時点ですでに指折りの経済大国になっていた日本と比べるのはもはやナンセンス。北朝鮮は共産主義陣営からの援助で戦後復旧と経済発展に熱心で、当時はＧＤＰ順位などでも北朝鮮のほうが韓国より上でした。

しかも、ケネディ大統領に届く報告は、「韓国の状況が非常に良からぬ方向（The dangerously deteriorating direction）に向かって」いて、「反政府的な動きが革命となり、深刻な反米運動へと繋がる（will be strongly anti-American）恐れ」がある（一九六一年三月「Hugh Farley Report」）と、嬉しくないものばかり。困ったケネディ大統領は、当時の韓国大使をリーダーとする大統領直属の韓国関連タスク・フォースを作り、どうすれば韓国を親米国にできるのか〟経済成長に導くことができるのかを研究させます。

そして、韓国の「民族問題研究所」が二〇一三年に公開した動画『朴正煕とフレイザー報告書』によると、一九六一年六月五日付でタスク・フォースのメンバーたちが作った報告書には、アメリカが韓国を大事にしないといけない理由として、次のように書いてありました（※動画タイトルの報告書とは別のものです）。

「The U.S. is heavily committed to the success of the Korean experiment in democracy, which competes directly with the Communist regime in the north. Not only is American prestige at stake. Control of the southern half of Korea is considered by military planners as vital to the defense of the Western Pacific, and is particularly important for the defense of Japan.（米国は、韓国で民主主義が成功するように力を注いできました。北の共産主義体制との直接的な競合だけがその理由ではありません。アメリカの威信がかかっています。軍事計画的にも、韓国の南半分の制御は、西太平洋の防衛、とくに日本の防衛のために極めて重要であります）」

反日思想と親米思想を共に持っている韓国人が読むと、ものすごく嫌がりそうな内容です。韓国を大事にする大まかな理由が「共産主義との競争」「アメリカの威信」「日本の防御」。アメリカさんの考えがこれじゃ、韓国が単独で反日を貫いたって、いいことはないでしょう。

今もそうですが、アメリカが望んでいるのは日米韓の三角同盟、可能なら三国同盟です（まだ日本と韓国には軍事同盟がありません）。親米政策を取ると表明した朴正煕政権は、アメリカの路線に素直に従います。日本との関係修復には、こういう背景もあったわけです。

一九六五年、凄まじい反対を抑え「基本条約」締結

もちろん、民族主義思想≒反日思想に浸かっていた者たちが黙って見ているはずがありません。

一九六四年、朴正煕政権が日本との国交正常化を準備しているという話が広がり、大勢の国民が「売国だ」「屈辱だ」と猛反対し、凄まじいデモが全国各地で起こりました。とくに一九六四年六月三日には、大学生だけで一万五千人がデモに参加し、警察と流血衝突しました。これを「六・三抗争」と言います。尹潽善（ユン・ボソン）前大統領など政治家はもちろん、後に大統領になる李明博（イ・ミョンバク、当時大学生）氏も学生リーダ

ーの一人として参加し、逮捕されました。それでも朴正熙大統領は戒厳令を宣布、このデモを武力で抑え、日本との国交正常化を成し遂げます。

一九六五年六月二十二日、基本条約（「日本国と大韓民国との間の基本関係に関する条約」）締結。これをもって、どうしても決着がつかなかった独島（竹島）問題を除いて、韓国と日本は請求権問題で「完全かつ最終的に解決されたことを確認する」という内容の条約に署名します。この時に日本からもらった賠償金（経済協力金）は、韓国の高度経済成長を支える何よりの土台となりました。

実は、この基本条約には、大韓帝国と結んだ保護条約は無効にするという内容も含まれています。なぜかと言うと、基本条約は韓国政府を「大韓帝国を継承した朝鮮半島の合法政府（＝北朝鮮は政府として認めない）」とした上での、韓国と日本、国と国との条約であったからです。

大韓帝国が日本に併合されたことに関する条約をまず無効にしておかないと、新しい「国と国の条約」は結べません。韓国の主張通りに「併合なんか最初から無効」だったのなら、あのような内容を書いておく必要はなかったでしょう。今でも韓国の民族主義者たちが朴正熙や基本条約を執拗に非難している理由の一つです。

そして、ケネディ大統領が暗殺されてからも、アメリカの親米国作り路線は変わらず、韓国への経済支援も続きます。朴正煕大統領もまた親米政策を貫き、とくにベトナム派兵をもってアメリカとの連帯を揺るぎないものにします（このベトナム派兵もまた民間人虐殺や枯葉剤問題など、数多くの傷を残しましたが）。

「物理的に」抹殺!?　恐るべき「国家保安法」

それまでとは比べ物にならないほど安定した外交（＝国の方向性）、発展する経済、そして確固たる安保意識。朴正煕政権の偉業の下、それからしばらくの間、韓国人の精神を支配するのは「反共思想」になります。「民族正統性」という概念を、「分断された民族を一つに」、「民族の仇、金日成」など、反共へと方向転換させることに成功したのです。

しかし、彼には褒められるべき側面だけがあったわけではありません。「しょせんは独裁者」というもう一つの側面もありました。軍事政権の反共は、本当に恐怖政治そのものでした。今の反日も酷いですが、反共はその比ではありませんでした。韓国で反日に逆らうと社会的に抹殺されるとよく言われますが、当時の反共に逆らうと、「物理的に」抹殺された……とでも言いましょうか。

反共もまた、合法的なものでした。単純に合法的側面「だけ」を見ると、反日より数段も上です。韓国には李承晩時代に作られ、軍事政権の時に強化された「国家保安法」というものがあります。細かい内容は何度も変わりましたが、基本的に「この法律は、国家の安全を危険にさらす反国家活動を規制することにより、国の安全と国民の生存と自由を確保することを目的とする（一条）」ことで、拘引誘致が可能である点がいつも問題でした（十八条）。

「（一項）検事または司法警察官から、この法律に定める罪の参考人として出席を求められた者が正当な理由なく二回以上出席要求に応じなかった時は、管轄裁判所の裁判官の逮捕状の発付を得て拘引することができる」、「（二項）拘束令状により参考人を拘引する場合、必要な時には、隣接する警察署その他の適切な場所に一時的に留置することができる」

反共思想が暴走した一因であることは言うまでもないでしょう。

難しい話より、事例を一つ紹介します。二〇一四年九月に韓国の仁川でアジア競技大会が開催され、北朝鮮の選手団も韓国に来ることになりました。そんな二〇一四年九月十六日、ＪＴＢＣ（中央日報系列の総合編成チャンネル）が一種の注意事項を報道しています。

・人共旗（北朝鮮が国旗とする「共和国旗」のこと。韓国は北朝鮮を国として認めていないため、国旗という表現が許されず、人共旗と呼ばれています）を掲揚することができる場所は、競技場、選手村、授賞式などの公式行事が開かれる場所に限られる。競技場の外、例えば道路や北朝鮮選手団のバス、入国空港などでは掲揚禁止

・人共旗の所持は北朝鮮の人にだけ許可される（北朝鮮選手団などは、所持が可能）。たとえ北朝鮮選手を応援する時でも、韓国の国民は人共旗を手にしてはいけない

・授賞式で北朝鮮の愛国歌（北朝鮮で国歌とされる歌。韓国の国歌とされる愛国歌とは別のもの）が演奏されるのはいいけれど、授賞式に参加した韓国の国民がその歌を一緒に歌ったりした場合は処罰を受ける

・北朝鮮の選手団に対し、通り過ぎながら挨拶をするなら構わないが、個別に接触した場合は、調査を受ける。事案によっては処罰される

第一章で紹介した「日本の国歌は不適切だ」騒ぎに似ていると思いませんか？　今のように反日が悪化し続けると、十年後には、日本人観光客と下手に話してはいけないことに

なっているかもしれませんね。

多くの血を流した「人革党事件」と朴正煕大統領暗殺

今の国家保安法は、ずいぶんと弱体化されています。反共思想が燃え盛っていた頃はどうだったか、考えてみてください。

「夜、山から降りてくる人」はとりあえず通報するのが美徳でした（北朝鮮と無線連絡をした人かもしれない）。軍の基地周辺でカメラを持っていると、とりあえず連行されます。写真を撮ったかどうかはどうでもいいです。軍の機密の写真を撮・ろ・う・と・し・た・か・も・しれないからです。そういうのが「普通」でした。

朴正煕政権の恐怖政治は、単に韓国のさらなる民主化を望むだけの人たちまで「北朝鮮による工作員」と決め付け、多くの命を奪いました。それは、明らかにやり過ぎでした。

多くの事例の中でも、「人革党事件」は有名です。

一九七四年四月、全国民主青年学生総連盟という学生運動関連団体の関係者百八十人余りが、「国家転覆、共産政権の樹立を推進した」という容疑で逮捕される事件がありました。当時この件で百八十人に与えられた量刑を合わせると、二千年分になると言われています。

同じく、その背後にあるという「人民革命党」という組織が検挙され、死刑七人、無期懲役八人、懲役二十年四人、懲役十五年三人と、重い処罰を受けました。しかも、判決からわずか十八時間後に死刑が執行されました。三十五年後の二〇〇九年、両件は無罪判決を受けます。

こうして、この国に数えられないほどの偉業と爪痕を残し、一九七九年十月二十六日、朴正熙大統領は宴会の席で側近の銃に撃たれ、帰らぬ人となります（一〇・二六事態）。

第二節　韓国の「戦時作戦統制権」を持つアメリカ

なぜ、「戦時」と「平時」で分けられたのか

言うまでもなく、朴正煕大統領の死は韓国、とくに軍部に想像を超える危機感を巻き起こしました。そんな中、朴正煕大統領の暗殺後に大統領（十代）になったのは崔圭夏（チェ・ギュハ）氏という人物で、当時の国務総理でした。しかし、彼は朴正煕政権とは考え方が違っていたようで、思想的にも支持率的にも朴正煕氏の最大のライバルだった金大中（キム・デジュン）氏の自宅軟禁を解除するなど、かなり柔軟な態度を見せます。

それが、保安司令官だった全斗煥（チョン・ドゥファン）陸軍少将と、彼の親友の盧泰愚（ノ・テウ）陸軍少将など、「ハナ会（軍内部の私的組織）」のメンバーたちには、大いに不満でした。

一九七九年十二月十二日、内乱を幇助《ほうじょ》したという名目で戒厳司令官の鄭昇和（チョン・スンファ）陸軍参謀総長を勝手に逮捕した全斗煥グループは、そのまま反対派を潰し、権

力を手にします。これを「一二・一二事態」と言います。

当時は朴正煕氏が一九七二年に宣布した戒厳令がまだ持続していましたが、大統領である崔圭夏氏の認可もなしに戒厳司令官を逮捕したのは、明らかに違法です。しかし、大統領は必死に抵抗したものの、軍部を掌握した全斗煥氏の力には逆らえず、事実上の統治権力は全斗煥グループのものになります。

全斗煥氏は朴正煕政権の強権統治をそのまま受け継ぐ姿勢を見せ、やっと民主化が来るのかと期待していた人たちの怒りを買うことになります。

全国的に全斗煥氏に反対するデモが起きました。しかし、彼は戒厳令を全国に拡大し、これに対処しました。活動家だけでなくホームレスまで、とにかく怪しい人は全員連行し、その数は数万人に及んだと言われています。

とくに一九八〇年五月十八日には光州（グァンジュ）という地域で大勢の死傷者が発生（五・一八光州民主化運動）しましたが、全斗煥氏は手を緩めず、「デモは共産主義者たちの仕業だ」としながら、全てのデモを武力で鎮圧し続けます。

韓国の「戦時作戦統制権」は今でも米軍が持っていて、「平時作戦統制権」は韓国軍が持っています。その理由が、この時期にあるという分析もあります。

二〇一四年十一月四日のハンギョレ新聞は、ソン・ミンスン元外交部長官の言葉として、「米国は一二・一二事態と五・一八民主化運動を経て、作戦権を持つ米軍がクーデターを承認したという批判を恐れ、それを防ぐために作戦権を戦時と平時に分けて、平時作戦統制権だけを（韓国側に）渡した」と報道しています。もともと作戦統制権を戦時と平時で分けること自体が非常に珍しいことだそうです。

血で血を洗う戦いのあと、ついに「かかし」にすぎなかった崔圭夏大統領は辞任を発表します。

そういえば、個人的な評価ではありますが、この崔圭夏元大統領には、他の韓国の指導層の人たちと決定的に違うところが一つだけあります。彼は韓国の現代史において明らかな被害者ではありながら、「被害者としての自分」をアピールしませんでした。二〇〇六年に亡くなるまで「いったいどんな脅迫を受けたのですか」などの質問を何度も受けたものの、彼は何も言わず、軍事政権が終わったあとにも、全斗煥氏を非難したことはありません。

「反日」ではなく「克日」を強調した全斗煥大統領

彼が辞任した直後、全斗煥氏が大統領に選出されます（十一代〜十二代。一九七二年から大統領選出方式が間接選挙制度になっていたため、崔圭夏氏と全斗煥氏は国民投票で選ばれた大統領ではありません）。

ちょうど私が小学〜中学生だった頃が、それからの全斗煥政権（一九八〇〜一九八八年）でした。彼についてはいろいろと思うところがありますが、この本の趣旨的には、たいして書くことがありません。なぜなら、彼は「思想」という側面では朴正熙政権のものを継承し、「反日より反共」路線も基本的には変わらなかったからです。朴正熙時代の経済成長から、一九八八年のソウル・オリンピックという「次の目標」ができたこともあり、彼は「反日」ではなく「克日」を強調する姿勢を見せたりもしました。日本を初めて公式訪問した韓国の大統領でもあります。

ただ、いくつかの部分は指摘しておきたいと思います。まず、一九八〇年の憲法改正の時に、また憲法前文が変わりました。

「悠久の民族史、輝く文化、平和を愛する伝統を誇る私たち大韓国民は、三・一運動の崇高な独立精神を継承し、祖国の平和的統一と民族中興の歴史的使命に立脚した第五共和国（※全斗煥政権のことになります）の始まりにおいて、正義、人道と同胞愛として民族の団結を……（以下略）」

四・一九はもちろん、五・一六も憲法前文から消えています。全斗煥氏は朴正熙氏以上にデモを鎮圧して大統領になった男ですから「四・一九」を消したのはともかく、「五・一六」まで消したのはちょっと意外です。やはり、朴正熙政権の継承者といえども、「前」の支配者の跡を消したかったのでしょうか。「統一」や「団結」という表現が「民族」の方向性であることには変わりがありません。

第三節 汚辱《おじょく》にまみれた韓国の改憲の歴史

全斗煥大統領・最大最悪の失政

しかし、一九八七年、彼にも危機が迫ります。大統領直接選挙など民主化への要求が強くなりました。全斗煥大統領は、もう憲法を変えない、いわゆる「護憲宣言」で対処します。それは国民投票による大統領選出など、これ以上の民主化はないという意味でもあり、民主化を望む勢力はこれに大いに反発しました。

さらに、一九八七年六月、民主化運動に参加していた学生が鎮圧や警察の拷問によって命を落とす事件が連続して起き、民主化を要求するデモの勢いに火をつけてしまいます。これを「六月抗争」と言います。義挙とか事態とか抗争とか、多いですね。使う言葉は違えど、実に「血で血を洗う」現代史です。

アメリカのほうから全斗煥政権に何かの圧力でもあったのか、それともさすがに全斗煥大統領も懲りたのか、全斗煥政権は一九八七年十月にもう一度憲法を改正し、国民投票による大統領直接選挙制度を決めます。韓国では大統領が五年単任制になっていて、重任・連任は認められていません（同じ人が二回大統領に選ばれることはできません）。それもこの時に決まりました。

さて、これが一九八七年の九次改憲で、今のところ、これが最後の改憲です。その憲法前文を見てみましょう。これが今まで韓国の禍々《まがまが》しい反日思想の一角を支えているわけですが……。

「悠久の歴史と伝統に輝く私たち大韓国民は三・一運動で建立された大韓民国臨時政府の法統と不義に抵抗した四・一九民主理念を継承し、祖国の民主改革と平和的統一の使命に立脚して正義・人道と同胞愛により民族の団結を強固にし、すべての社会的弊習と不義を打破し、自律と調和をもとに自由民主的基本秩序をより強固なものにして政治・経済・社会・文化のすべての領域において各人の機会を均等にし、能力を最高度に発揮するようにして、自由と権利に伴う責任と義務を果たすようにし、内には国民生活の均等な向上を期し、外には恒久的な世界平和と人類共栄に貢献することで、私たちと私たちの子孫の安全と自由と幸福を永遠に確保することを約束しながら、一九四八年七月十二日に制定され、八回に渡って改正された憲法を今、国会の議決を経て、国民投票によって改正する」

なぜ彼が憲法前文に臨時政府を蘇らせたのか、今でも謎です。当時、外国人登録証の指紋押捺を拒否するなどで在日同胞問題がマスコミで報道され、反日感情を煽っていたことがひとつの理由だとも考えられますが、それだけではありません。

早い話、それから一九九〇年代になり、反日思想が暴走を始めることになりますが、私は、一九八七年の憲法前文変更がそのための「根拠作り」だったと思っています。

一九八七年の改憲の時点で、すでに与党、野党、民間団体が一つの声を出し、「臨時政府を憲法前文に再び明記すべきだ」と主張していました。

一九九九年二月二十六日の東亜日報を見ると、当時の憲法前文改正に関わったH国会議員が、「臨時政府の法統継承を明記したことで、日帝支配による民族史の断絶を繋げ、国家の正統性を回復した」と話しています。

「民族史（民族の歴史）」を「民族の正統性」として考えると、臨時政府の明記が「今の国の正統性の回復」、すなわち韓国が半万年を受け継ぐ（繋げる）ことになるという主張。

本書で書いてきた流れと一致しています。

「反共を弱める鍵もまた反日にある」

その憲法前文の「法統」という言葉の意味に注目です。韓国人でも、この言葉の意味をちゃんと知っている人はそういないと思います。仏教用語じゃない？　と思っている人のほうが多いでしょう（実際、似て非なる意味の仏教用語もあります）。

ここでの「法統」の意味は、〈正統性などを正しく継承する。またはそのような系統や伝統（韓国語大辞典）〉です。

繰り返しになりますが、韓国の民族主義者たちは「一つの民族」を強調し、親北思想に偏ってしまうミスを犯しています。当時、「反共（民族の敵は北朝鮮）じゃない。反日（民族の敵は日本）だ」と思っていた勢力は、気づいていたのです。

「反共が反日を弱めたということは、反共を弱める鍵もまた反日にある」

演説などを調べてみても、全斗煥大統領は朴正熙大統領のような独特の民族観を持ってはいませんでした。追い詰められていたこともあり、憲法前文に臨時政府を明記すべきだという絶対多数の主張に、彼が反対する理由はまったくなかったことでしょう。

その結果が、今の大韓民国の憲法前文となり、「抗日組織の法統を継承した」、いわば「臨時政府の嫡流の子」としての大韓民国を強調することになります。そして、軍事政権の終わりから、慰安婦問題、左派政権などを経て、反日思想の復権とさらなる暴走を支える根拠になってしまいます。

私が思うに、この憲法前文の改正こそが、全斗煥大統領の最大最悪の失政です。

〝これこそ、韓国のアウシュビッツ収容所〟

全斗煥氏もまた、数多くの業績と、数多くの問題をこの国に残した大統領でした。本題とは関係ない（なくもない？）ですが、彼の政権の話が終わる前に、「兄弟福祉園」というものを一つ紹介させてください。当時の韓国という国のいろんな側面が見えてくる事件です。

兄弟福祉園は一九七五年、釜山（プサン）に設立されました。浮浪者（ホームレスなど）を受容するための施設です。三千数百人を受容したそうですから、物凄い規模です。

一説では、「日本の朝鮮総連が、浮浪者に化けたスパイを韓国に送って、情報を集めている」という当時のうわさ話も一因だったと言われています。

しかも、一九八〇年代になってからは、一九八六年（ソウル・アジア競技大会）と一九八八年（ソウル・オリンピック）関連の問題と重なります。

これらの国際イベントを成功させるのは、全国民の「使命」でした。当時、国家イメージを悪くする浮浪者やスラムなどに対する浄化作業（連行、追い出し）が少なくありませんでした。そういう背景に守られ、兄弟福祉園の暴走が始まります。

受容した人数に応じて国家補助金がもらえるというシステムを利用し、「狩り」が始まったのです。住民登録証がない人、ホームレスはもちろん、駅で普通にTVを見ていた市民にいたるまで無数の人々が兄弟福祉園に強制連行されました。彼らを待っていたのは、監禁、暴行、強制労働。その数は三千五百～三千九百人に及ぶとされ、中には、七歳の子どもまで確認されています。公式に五百五十一人（二〇一四年三月の最新集計）の死亡が確認されています。一部の遺体は三百～五百万ウォンで医科大学の解剖学実習用に売られました。

一九八七年、三十五人が脱出し、この件が外に知られるようになります。兄弟福祉園の園長など五人が拘束されましたが、園長は「横領罪」だけで、わずか二年六カ月で自由の身となり、二〇一一年まで福祉施設を運用していたことが確認されています。被害者たちは十年以上も監禁されていた人もいるし、それから社会に適応できなかったことは容易に想像できますが、彼らへの賠償などは何もありませんでした。中には本を書いたりして自分なりの抵抗を試みた人もいますが、無駄でした。「兄弟福祉園事件」という言葉だけがかろうじて国民の記憶に残っているだけです。

二〇一三年十二月になって、やっと被害者たちは国を相手に真相調査と賠償を要求しましたが、勝つ確率は非常に低いとしか言えないでしょう。

なぜこの件をわざわざ書いておくのかというと、韓国が日本に対して「日本の蛮行はナチスだ」「日本の蛮行はホロコーストだ」と騒いでいるからです。しかし、兄弟福祉園を知っている人たちは、誰もが口をそろえてこう言います。

〝これこそ、韓国のアウシュビッツ収容所だ〟。韓国はこの件を長らくタブーとしてきました。

もはや民主主義とはかけ離れた〝悪夢の憲法変遷〟

これで、九次に渡る韓国の改憲が終わりました。民主主義国家において、選挙で指導者を選ぶということは何より勝る正統性です。その「指導者を選ぶ」韓国の制度がどれだけ不安定だったか、この国の憲法が、指導者たちの「自分に正しいこと」のためにどれだけ汚されてきたかを、まとめてみました。

一九四八年七月十七日、韓国の憲法ができました。

民族＝反日だったこともあり、一九四五年八月十五日以前の「反民族」な行為をした人たち、すなわち「親日派」を処罰できるようになっているのが特徴です。国家保安法は同じ年の十二月に作られました。分断されていたのに、反日のほうが優先だったわけですね。

一九四八年七月二十日、国会議員たちが大統領を選ぶ「大統領間接選挙」制度により、国会議長で臨時政府初代大統領でもあった李承晩氏が、大韓民国初代大統領に選出されます。

一九五二年七月、なんと朝鮮戦争中に一次改憲。議員たちからの支持を失った李承晩氏は、大統領選出方式を直接選挙制度（国民投票）に変えます。権力のための改憲であることがバレバレだったため、反対する勢力も多かったですが……なぜか反対する国会議員が「共産主義者」として逮捕されていなくなったり、どこからか怖い人たちが現れて李承晩氏を支持する暴力デモを行ったり、警察が国会議事堂を包囲したりと無茶苦茶な展開になったあげく、やっと成立しました。

一九五二年八月、李承晩氏、再選（二代大統領）に成功します。

一九五四年、李承晩大統領による二次改憲。またの名を「四捨五入改憲」。

一九五六年、李承晩氏、三選（三代大統領）に成功します。

一九六〇年三月十五日、四代大統領を選ぶための選挙がありました。李承晩氏が四選に成功したと思われましたが、投票から開票まで何もかも李承晩氏に有利に仕向けられた不正選挙だったことがバレてしまいます。投票の四割が事前投票（前もって李承晩氏に入れておいた不正票）だったとか。

一九六〇年四月、全国的に大規模デモが発生し、李承晩大統領は辞任します（四・一九義挙）。三月の選挙は無効。

一九六〇年五月、李承晩氏、さっさと夜逃げ（アメリカへ亡命します）。

一九六〇年六月、三次改憲。大統領直接選挙制度の反省から、責任内閣制に転換します。なんと「与野党合意によるまともな改憲」はこれが初めてでした。

一九六〇年八月、責任内閣制により尹潽善氏が四代大統領に選出されます。総理は張勉氏でした。

一九六〇年十一月、四次改憲。一九六〇年の不正選挙関連者を処罰するためのものです。これもまた不遡及の原則に違反しています。余談ですが、今でも韓国人は法というものについて「気に入らないやつを潰すための力」という認識を持っています。告訴、とくに誣《ぶ》告《こく》が異常に多いのもそのためです。

一九六一年五月十六日、朴正熙氏がクーデターを起こし、尹潽善政権はあっけなく終了します。

一九六一年五月、五次改憲。責任内閣制を廃止、大統領直接選挙制度に戻します。朴正熙氏は政治家たちを悪党扱いしていたため、内閣制では不利だと判断した結果です。これもまた、自分の権力のための改憲でした。

一九六三年、国民投票で朴正熙氏が五代大統領に当選します。これも不正選挙だったという話はありますが、李承晩氏の時のような大騒ぎにはなりませんでした。

一九六七年、朴正熙氏、再選。六代大統領になります。

一九六九年、六次改憲。再び大統領の三選を許可し、大統領弾劾に必要な議員の数を増やすなど、またまた権力維持のためのものでした。

一九七一年、三選（七代大統領）に成功するも、野党の候補だった金大中氏が支持率で追い上げてきて朴正熙大統領を脅かす存在になります。以降、金大中氏は朴正熙大統領から目の敵にされ、自宅に爆弾が配達されたり、大型トラックが突進してきたりと、不思議現象（？）が続くことになります。一九七三年には日本のホテルから拉致されて死にかける事件もありました。

一九七二年、朴正熙大統領は、どこかで聞いたような「維新」憲法というものを掲げて七次改憲を強行し、戒厳令を宣布するなど恐怖政治を強化します。また大統領選挙方式を間接選挙制度に変え、そのまま大統領に選出されます（八代）。「自分の権力のための改憲」の中でも、この維新改憲はもっとも大規模なものでした。大統領選挙に参加できる「選挙人団」を事実上掌握していた朴正熙大統領は、これで選挙で負ける心配はなくなったと言えましょう。余談ですが、朴正熙大統領は「明治維新」に憧れていたという話もあります。この時から憲法前文に「平和統一」の字が入ります。

一九七八年、朴正煕氏、九代大統領に選出。

一九七九年十月、朴正煕大統領、部下の銃に撃たれて死亡。

一九七九年十二月、間接選挙制度により崔圭夏国務総理が十代大統領に選出されます。

一九七九年十二月十二日、全斗煥氏がクーデターを起こし、崔圭夏政権はあっけなく終了します。このパターン多いですね。

一九八〇年九月、間接選挙で全斗煥氏が十一代大統領に選出されます。

一九八〇年十月、八次改憲。韓国の憲法で連座制が禁止されたのがこの八次改憲からです。環境や幸福追求権など国民の基本権も、やっと形を揃えることになります。

一九八一年、早くも全斗煥氏が十二代大統領に選出。

一九八七年四月、民主化のためにも大統領直接選挙制度への転換が必要だという要望が強くなったものの、「もう憲法改正はしない（選挙制度も今のままになる）」と発表します。

一九八七年六月、民主化勢力大激怒→デモ拡大→力で鎮圧→さらにデモ拡大→さらに力で鎮圧の悪循環が続きます。

一九八七年十月、仕方なく、全斗煥大統領は九次改憲（今のところ最後の改憲）を行い、大統領直接選挙制度が復活しました。五年単任制度。

こんな改憲でも、国民投票で決まったものですから、反応に困ります。民主主義がうまくいかないのは指導者のせいなのか、国民のせいなのか。たぶん、両方のせいでありましょう。

今の日本には改憲が必要

そういえば、最近になって日本でも改憲とか法律改正とかそんな話が聞こえるようになりました。改憲まとめのついでに、もう少し書いてみます。

イギリスには、一九五〇年代まで「魔法を行ってはいけない」法律があったことをご存じでしょうか。何の冗談だ？　と思われることでしょう。今の私たちは、魔法という言葉を聞くとファンタジー映画やゲームなどを連想するからです。どちらかというと、使ってはいけないというより、できるなら使ってみたい気もします。

しかし、昔の「魔法」は、ちょっと違う意味でした。「オカルト」と言えば、意味が合っていると思います。天使の名前を呼ぶのはともかく、異教の神、悪魔を呼び出すものまで、当時の「魔法」の一般的なイメージは、「怪しい儀式」から始まるものでした。まだまだキリスト教の影響力が強かった時代。「異教は悪」とするキリスト教の考えと相まって、昔ながらの「魔女狩り」から続いてきた法律が、魔法を行ってはいけないという形で残っていたのです。

当時としては絶対正しいと思って作った法律が、あとになって「なんだそれ」とバカにされるのは、ある意味では当然かもしれません。人間と社会は変わっていくけど、法律は「変えるまでは変わらない」からです。だから乖離《かいり》が生じてしまいます。

法律が「変えられない神聖なもの」だった時期もあります（今でも宗教的理由などでそう考えている国があります）が、今は一般的に「法律はそれ自身（法）に明記された特定のプロセスによって、作ることも、変えることも、廃止することもできる」ということになっています。

社会にはいろいろな主張があります。いちいち聞いてやると切りがありません。社会全体のことを考えた上での目標（理念など）を設定し、それを実現するために社会の各部門にできることとできないこと、権利と義務のバランスを保つための強制力が必要です。法律はいつも「自由」と表裏一体になり、我々人類の文明を守ってきました。

同じ趣旨のものが、国と国の間にも存在します。

正義と合法が完全に一致する社会は無理かもしれませんが、それでも両者はお互いに近づくために頑張ってきました。正義の女神とされる「アストライア」の像を、法律による判断を宣言する裁判所の前に立てておくのも、その信念の現れでしょう。

法、とくに憲法は、むやみに作ることも、簡単に変えるのも、恥じるべき行為です。しかし、「生き残るのはもっとも強い種ではなく、もっとも環境に適応できる種である」というダーウィンの主張と同じく、法もまた、変わらずにじっとしていればいいというものではありません。

部外者の意見で恐縮ですが、今の日本には「普通の国」になることが、改憲が必要です。もちろん、それが四捨五入で決まっては困ります。その内容を判断し、決めるのは、日本の国民です。日本のことですから、当然です。

〈天皇は、日本国の象徴であり日本国民統合の象徴であって、この地位は、主権の存する日本国民の総意に基く〉（日本国憲法第一条）その恵まれた正統性の下で。

第五章　日本の名誉を貶《おとし》めた「反日工作」

第一節　劇的なタイミングで現れた世紀の嘘・「吉田証言」

盧泰愚《ノテウ》大統領の意外な「未来志向」

そんなに血を流して手に入れた、国民投票による一九八七年十二月の大統領直接選挙ですが……なんと与党の盧泰愚（ノ・テウ）候補が当選します（十三代大統領）。これは、一九八七年十一月二十九日に起きた、北朝鮮のスパイによるＫＡＬ（大韓航空）機爆破事件が大きな原因だったと言えます。北朝鮮への怒りが、与党への支持に繋がったのです。

今でも「あの事件は韓国政府による自演じゃなかっただろうか」という憶測が消えないでいるのは、十月改憲↓十一月爆破事件↓十二月選挙勝利の劇的なタイミングのせいでもあります。もちろん、確実な証拠はありません。それからも、選挙前に北朝鮮からの挑発で保守勢力（右派）の支持率が上がることが何度かあり、韓国ではその現象を「北風」と言うようになりました。

盧泰愚大統領は、一二・一二事態の主役の一人で全斗煥氏の無二の親友でしたが、やり方が前の軍事政権の大統領たちより優しく、北朝鮮に対しても対話を呼びかけるなど、共産主義陣営にも柔軟な態度を見せました。

一九九〇年にはソ連と国交を結び、一九九一年には北朝鮮と国連に加入しました（北朝鮮と韓国はお互いを国として認めていないし、朝鮮半島が二つの国だとも認めていないため、同時加入でなければなりませんでした）。

一九九二年には中国と国交を結び、台湾との国交を断絶しました。大忙しだった時代ではありますが、全斗煥政権と同じく、この本で指摘するような大きな思想の変化はありません。民主化勢力から敵対視され、態度も柔軟になったとはいえ、反共思想の強さは相変わらずでしたし、一九八八年のソウル・オリンピック開催などにより、全斗煥大統領の頃からの「克日」思想も続いていました。

彼が（あくまでもそれまでの指導者たちに比べて、ですが）柔軟な態度を見せたのは、日本に対しても同じです。

日本を訪問していた一九九〇年五月二十四日には、盧泰愚大統領は今上天皇から「痛惜の念」のお言葉を、海部俊樹総理からはかなり具体的な過去史問題に対する謝罪を受けました。盧泰愚大統領もまた、二十五日に日本の国会で行った演説で、植民地とか日帝とかの内容は一切言及しませんでした。

この件について、同日の「毎日経済」の三面に、今読んでみると物凄く違和感のある内容が書いてあります。
・（過去史問題を言及しない）盧泰愚大統領のこのような未来志向演説は、訪日初日の、日王及び総理の過去史に対する謝罪発言をきっかけに、これ以上過去史を問題視しないという意志の表現と解釈される
・とにかく、政府としては過去三十六年間の植民統治とそれによる全ての不幸な過去史問題に対する日本の謝罪が今回の謝罪発言で済んだとし、これ以上は過去史に対する謝罪を問題にしないと断言している
・盧泰愚大統領も日王宮晩餐の答辞で、〝我が国と国民に対する友誼に満ちたお言葉に謝意を示したい〟と日王の発言を受容する立場を見せた
記事は「痛惜の念とは意味の解釈に議論の余地がある」などを主張し、終始、盧泰愚大統領の態度が気に入らないという論調でした。反共のせいで弱くなっていたとはいえ、韓

国から反日が消えていたわけではありません。韓国の世論は、大統領が日本の国会で、「上から目線」で日本を「叱る」内容を期待していたのでしょう。

「これ以上の謝罪は要求しない」政策がキャンセル

しかし、これまた不思議なタイミングで、一方では「未来志向」を台なしにする話が盛り上がっていました。ある日本人が、併合時代に朝鮮半島から女性をさらって性奴隷にしたと告白し、懺悔《ざんげ》しまわっているということです。

その人の名前は、「吉田清治」。

これが後に「いわゆる慰安婦問題」と呼ばれる騒ぎの始まりです。朝日新聞が吉田清治氏の証言を報道するようになったのが一九八二年で、日本で吉田清治氏の著書『私の戦争犯罪』が出版されたのが一九八三年、同じ本が『私はこのようにして朝鮮人を連れ去った』という題で韓国で出版されたのが一九八九年、朝日新聞、北海道新聞など日本のマスコミが慰安婦問題と吉田清治氏の証言を積極的に報道するようになったのが一九九〇年を前後してのことです。

韓国で慰安婦問題が注目されたのも、一九九〇年からです。その流れを、一九九三年八月五日「ハンギョレ新聞」の、「従軍慰安婦日誌」という記事から引用してみます。

一九八九年末：女性団体などから慰安婦問題提起（※韓国では「挺身隊」と「慰安婦」の意味を混同していた時期があり、記事によっては挺身隊と慰安婦が同じ意味で使われています。本書で引用した記事は慰安婦問題を扱ったものであるため、表記を「慰安婦」に統一しました）

一九九〇年六月六日：日本参議院議員本岡昭次社会党議員が日本政府に従軍慰安婦の調査を要求。日本政府は「軍や国家とは関係はなく、民間業者によるものだった」と答える

一九九一年十一月二十一日：吉田清治氏、自分で慰安婦の徴用に関わった事実を述懐

一九九一年十二月六日：従軍慰安婦だったキム・ハクスン氏など三人が日本政府に補償を要求し訴訟提起

一九九一年十二月七日：当時の加藤官房長官、政府関係機関が関わった資料がないため対処が難しいと言及

一九九二年一月十三日：加藤官房長官、日本軍の関与を初めて認める

一九九二年一月十七日：盧泰愚大統領、訪韓した宮澤首相に慰安婦真相究明を要求。宮澤首相は国会演説で謝罪と反省を表明

一九九二年七月：加藤官房長官、従軍慰安婦一次調査結果発表。日本政府が関わったことを認める

一九九二年十二月：UN総会第三委員会で従軍慰安婦問題が議論される

一九九二年十二月二十五日：釜山居住従軍慰安婦及び勤労慰安婦被害者四人が日本政府相手に補償請求訴訟提起

一九九三年二月：ジュネーブUN人権委員会で軍隊慰安婦問題が議論される

一九九三年二月：韓国政府、四百九十人の慰安婦被害者からの申告受付結果発表

一九九三年四月二日：フィリピン従軍慰安婦被害者たちが日本政府に訴訟提起

一九九三年四月五日：在日韓国人従軍慰安婦被害者ソン・シンド氏、日本政府相手に訴訟提起

一九九三年六月：ジュネーブ国際人権会議で従軍慰安婦問題が議論される

一九九三年七月：日本政府、証言聴取調査実施（※河野談話を準備するために韓国に来た日本の調査チームが、十六人の元慰安婦から証言を聴取しました）

この年表を見ると、吉田清治氏の証言がどれだけ劇的なタイミングで現れたのか、すぐわかります。

一九八九年、彼の本が韓国で発売された時には、たいして話題になりませんでした。彼が女性を拉致したとする済州島の地域新聞「済州新聞」（一九八九年八月十四日付）も、現場の住民と郷土史学者の話を載せ、本の真偽に疑問を投げかけました。記事には「本を売るための日本人たちの商売術」という指摘までありました。

なにせ、韓国では一九九〇年代初頭まで、慰安婦という言葉が普通に「軍を相手にする売春婦」という意味で使われていました。公文書などにも、米軍を相手にする売春婦のことを「慰安婦」、施設を「慰安所」と書いていることが確認されています。

しかし、他でもない日本内のマスコミが騒ぎ出したこと、そして、「利用価値」があると思ったのか、韓国の反日主義者たちが吉田清治氏を積極的にバックアップしたこと、ドラマ「黎明の瞳」の大ヒットなどから、慰安婦問題は「性奴隷だった」というイメージで急速に広がっていくことになります。

盧泰愚政権の「これ以上の謝罪は要求しない」政策がキャンセルされたのは、言うまでもありません。

根拠はただ「吉田清治氏という日本人がそう言ったから間違いない」

一九九二年、吉田清治氏が韓国に来て何を言い残したか、一九九二年八月十二日「京郷新聞」の、「慰安婦蛮行を証言するためにソウルに来た吉田さん、〝一人で千人以上の処女を狩った〟」という記事を引用してみます（※「処女」は、韓国では「結婚していない女性」を意味します）。

「〝強制連行当時、泣き叫んでいた韓国女性たちの姿が今でも目の前に鮮明に蘇ります〟……去年（一九九一年）十一月、日帝統治下にいわゆる韓国人従軍慰安婦強制連行を担当していた事実を自ら暴露した日本人、吉田清治さん（七十九）が我が国で従軍慰安婦加害者証言をするために十一日の午後、GIMPO空港から入国した。

太平洋戦争犠牲者遺族会の招待で来た吉田さんは空港で〝私は当時日本政府の命令で韓国人従軍慰安婦を強制的に狩りだした奴隷狩人（ハンター）だった〟と暴露し、〝もし日本政府が最後までこれを否認するなら天罰が下るだろう〟と話した。

彼はまた〝当時日本政府が韓国人に犯した行為はナチスのユダヤ人虐殺と同じく天と人が共に怒るべき蛮行である〟とし、〝日本政府は一日でも早くこれを認め、補償する意味で京釜高速電鉄（韓国の高速鉄道）費用七千二百億ウォン（一九九二年為替レートで千百五十億円）を無償提供することを提案する〟と話した。

彼は続いて自分が太平洋戦争前（原文のまま。正しくは太平洋戦争中）の一九四三年から敗戦の時まで日本山口県労務報国会の動員部長だったとし、自分の直接指揮で強制連行した従軍慰安婦だけで千人を超えると明らかにした。

彼はまた〝戦争が終わると従軍慰安婦を含めた強制連行関連公式記録と文書は当時内務次官の命令で全て燃やして処分した〟とし、〝よって韓国政府が関連記録を得るには連合軍だった国に協調を要請すべきであろう〟と話した。

戦争後三十年近く復讐を恐れて仮名を使いながら日本中を転々とした彼は、六十歳を超えて自らの悪行を清算しなければならないという考えから講演会などで良心宣言を始め、去年北海道新聞社で行った証言が記事化され物凄い話題を巻き起こした。

彼は二泊三日で我が国に留まり、十二日プレスセンターで太平洋戦争犠牲者遺族会の主催で開かれる『韓国太平洋戦争犠牲者たちへの日本の強制徴集についての証言と慰霊祭』に参席し、十三日出国する予定だ」

海外でも慰安婦問題について「知ったかぶり」の記事が溢れていますが、その中で、当時のイギリスのテレグラフ紙（日曜版）による慰安婦記事を見てみましょう。原文ではなく、嬉しそうにこれを紹介した一九九二年三月二十三日の東亜日報の「慰安婦特集報道・英テレグラフ紙」という記事からの引用になります。

「英国のサンデーテレグラフ紙は（一九九二年三月）二十二日、日本帝国時代の従軍慰安婦に関する記事を国際ニュース欄全面に載せ、当時日本政府と軍の蛮行を詳しく報道した。発行部数約百万部のこの新聞は、当時従軍慰安婦動員責任者だった日本人、吉田清治との会見を通じて、日本政府と軍の首脳部が組織的に十六万〜二十万人（ほとんどが韓国人）の婦女子を誘拐、レイプすることに直接参与したと報道した。この新聞は、しかし日本政府は最近までもこのような事実を否認し、被害者と日本人証言者が現れたことによって仕方なく認める姿勢を見せていると批判した。この新聞はまた米国と英国がこのような日本の蛮行を知っていながら黙認する共謀を犯したと非難し、世界各国は日本政府が被害者たちに補償するように圧力をかけるべきだと伝えた。この新聞は当時従軍慰安婦動員は軍需事業化されていたと指摘し、吉田の証言を引用、二十世紀最悪の人権侵害だったと報道した」

どちらの記事も、内容がほぼすべて「吉田清治氏という日本人がそう言ったから間違いない」で構成されていることにお気づきでしょうか。慰安婦問題で韓国側の主張及びその擁護者たちの意見は、吉田清治氏の証言とほぼ同じ内容です。

二〇一四年になって、朝日新聞や北海道新聞が当時の吉田清治氏の証言を扱った記事の「取り消し」を発表し、やっと彼の証言は力を失いました。もちろん、燃え盛ってしまった「いわゆる慰安婦問題」の解決と日本の名誉回復の道は、まだまだ見えずにいます。人間一人の嘘が、どれだけ恐ろしい結果を残したのか、振り返ってみるだけで背筋が凍る気持ちです。

「朝日新聞記事撤回」後の韓国の愚かしい反応

さて、この朝日新聞の記事取り消しについて、韓国はどんな反応を見せたのでしょうか。明確に韓国「政府」の意見となっている記事を、いくつか部分引用します。

「政府当局者は十六日、記者たちと会って、『日本側が朝日新聞の記事撤回を根拠に慰安婦動員の強制性を否定しようとするのは、日本軍慰安婦問題の本質を糊塗する（誤魔化す）ものであり、過去の過ちを縮小、隠蔽することでしかない』と明らかにした（二〇一四年九月十六日、聯合ニュース）」

「外交部の定例ブリーフィングで、ユン・ビョンセ外交部代弁人（代弁者、スポークスマン。この場合、該当政府組織の所信や見解を代わりに公表する高位公職者たち）は『特に、日本政府が、河野談話を検証を通じて形骸化しようとし、吉田清治氏の証言の検証を口実に日本軍慰安婦問題の本質を糊塗しようとすることは、決して受け入れることができない』と話した（二〇一四年十月十六日、ハンギョレ新聞）」

二〇一四年九月二日には、ノ・グァンイル外交部代弁人に対し、日本側の記者たちが「（吉田清治氏の証言が虚偽だと判明し）慰安婦強制連行の重要な根拠が一つ消えた。それでも韓国政府は慰安婦強制連行を主張しているのか」、「韓国政府が思っている強制性とはどんなものなのか」とダイレクトな質問をしました。

いわゆる慰安婦問題において、「強制性」と「国家の関与」は、もっとも大きなポイントとなります。

すると、代弁人は「証拠は数えられないほど多い。もっとも確実なのは慰安婦たちの肉声証言だ」、「誰もが強制だと知っている。証拠もあり、証人も存在する。満天下（世界中）が知っていることを証明する必要はない」と答えました。

他の記者が「証拠があるなら一つ紹介して欲しい」と話すと、ノ・グァンイル代弁人は「中国政府が日帝戦犯たちの自白書を公開した」と答えました。

まさか、本当に政府代弁人が「証明する必要はない」と話したのか？　と不思議に思われるでしょう。しかし、該当部分は、朝鮮日報の記事（二〇一四年九月三日）の直訳となります。ブログだったら、赤い字にして強調したいですね。

そういえば、毎週水曜日、韓国の日本大使館の前では反日デモが行われます（「水曜集会」）。慰安婦がどうとか、日本は謝罪しろ賠償しろとか、そういう内容です。なんと、二〇一五年一月七日で千百六十回目でした。学生たち、たまには小学生たちも参加したりします。

二〇一四年十一月二十日の聯合ニュースにもそのデモの様子が紹介されていましたが、デモに参加した学生（年齢はわかりませんが、私には中学生に見えました）の一人が、「全てを知っているぞ。（日本は）認めて謝罪せよ」というピケを持っていました。

外交部代弁人が話した「世界中が知っている」も、この学生の「全てを知っている」も、結局は「私が知っていること以外は認めない」という偏屈な考えでしかないでしょう。自分が正しいと思っている意見以外は認めないから、自分の意見が全て（全世界）に見えるのです。

この本の中心内容である「韓国は、自分に正しいことを根拠として主張する愚を犯している」を、「代弁」してくれているようなものです。

第二節　「歴史教科書」は「反日」ドラマ

日本軍を倒し、強制連行される慰安婦少女たちを救うヒーロー

そして、企画や製作期間を考えるとこれまた不思議なタイミングですが、「黎明の瞳」が登場したのも、一九九一年でした。

最近、日本側でも「嫌韓ビジネス」という言葉を聞くことがありますが、まだまだ韓国の反日ビジネスに比べると、「鳥の足の血（ほんのささやかなものを意味する韓国の諺）」です。二〇一四年の夏、壬辰倭亂（豊臣秀吉の朝鮮出兵）の時の朝鮮海軍の武将で、韓国では「聖雄」と呼ばれる李舜臣（イ・スンシン）の活躍を描いた『鳴梁（ミョンリャン）』という映画が空前の大ヒットを記録しました。なんと、大統領含めて千七百万人が見たとのことで、これは韓国の映画市場において最高の興行記録だそうです。

李舜臣が鳴梁という海域で「朝鮮軍十二隻で日本軍三百三十隻を倒す」というこの映画。日本軍に文句を言ったという理由で舌を切られた女性キャラの存在など、内容は明らかに

善（李舜臣）と悪（日本軍）の戦いという単純な構図でした。別に映画として楽しむならそれでいいとも思いますが、問題は、韓国がこの映画を「真実」扱いしていることです。

主演俳優のチェ・ミンシクは二〇一四年七月二十一日の「ＴＶレポート」で、この映画を次のように話しています。

「多くの日本人が現在の安倍総理の政策にかなりの不満を持っていると聞いている」、「指導者の誤った選択のせいでどれだけ大きい悲劇が起き、どれだけ無実の人が死んでいったのか、歴史的教訓を通じ、日本がそれを知ればいいと思う」、「我々は真実を語った。その点に共感して出演を決心してくれた日本人俳優にも感謝の気持ちを伝える」

キム・ハンミン監督は二〇一四年八月二十五日の「スポーツ朝鮮」で次のように話しています。

「日本でも公開したい。別に日本側の武将を弱く描いてないから大丈夫だろう」、「日本人たちは過去を知らない。過去を知らないから反省の必要性も知らない。だからこういう歴史を教えてやる必要がある」

彼ら自ら「真実」「教える」を口にしながら「映画は映画だから」という側面を否定し、「過去ではなく、今の日本」に対する反日思想を露骨に現していることが、おわかりでしょうか。この映画を「面白くない」というのは、しばらくの間、禁句でした。

大勢の韓国人は、こういう「嬉しい嘘」を、創作されたものではなく、そのまま歴史の真実として信じてしまいます。

「今は私の国がお前たちの国より弱くてこのような屈辱を受けるが、いつかそのまま返してやる日も来るだろう」というセリフを残し、涙を流しながら日本人の刀に切られる明成皇后。ちょうど二〇〇二年ワールドカップに盛り上がっていた頃に放送された、ドラマ「明成皇后（二〇〇二年）」のクライマックス・シーンです。さらに日本軍を倒し、強制連行される慰安婦少女たちを救うヒーロー、「カクシタル（二〇一二年）」。反日思想を刺激するドラマが人気を集め、そのまま「真実」として根を下ろすことは、韓国では珍しいことでもありません。この二つは、どちらも日本のNHKのような立場の放送局である「KBS」の作品です。二〇一二年八月十日の韓国日報は、「カクシタル」を歴史教科書のようだと褒め称えています。

「これまでのカクシタルの歩みを見てみよう。それこそ歴史教科書そのものだ。慰安婦問題をはじめ、残忍な日帝時代の中、国民が経験するしかなかった過酷な受難の記録を助詞一つ手を抜かずに（ありのままにという意味）そのまま描いたカクシタルは、視聴者たちを憤慨させた。そして視聴者たちが怒るそれらの出来事は、すべての歴史の中の〝実話〟という点でその意味はより一層大きい。これまで歴史教科書で学んできたすべてのことが実際に映像化されて視聴者たちに近づいた時、その波及力は、まさにものすごいものだ。このように一国の国民として、いつも胸の中に抱えて行かなければならない（悔しいけど我慢しているという意味）歴史の断面を改めて教えてくれたカクシタルは、ドラマが持った強大な力を適切に使用した良い例としか言えない」

誰が書いたシナリオか？　次々と押し寄せる慰安婦問題

その「ドラマが持つ強大な力」とやらの中でも、とくに反日関連で功績を残したのは、一九九一年、ＭＢＣドラマ「黎明の瞳（暁の瞳）」です。

韓国人の多くが持っている慰安婦のイメージは、実はこのドラマからの影響で作られたものです。「黎明の瞳」は日帝時代から朝鮮戦争後の時代までを描いていますが、とくに人気を集めたのは、慰安婦のシーンです。案の定、「挺身隊」と「慰安婦」の区別すらちゃんとできていないこのドラマで描かれた無残な慰安所の惨状を通じて、多くの韓国人はそれを「本当の慰安婦の姿」として認識しました。

無理矢理日本軍にされた若い朝鮮人兵士の前で、慰安所に行ってきた日本軍兵士が「朝鮮の女など、公衆便所だろう」と言い放つシーンを、私は今でも鮮明に記憶しています。あの時はまだ慰安婦というものについて知識がなかったため、「あのやろう」と、怒りを抑えられませんでした。もちろん、今は、慰安所のことも志願兵のことも、当時の記録をもっとも信頼しているため、あのドラマのシーンがプロパガンダだということは見抜いています。

一九九一年十月から三十六話が放送されたこのドラマは、平均視聴率四十四％を記録しました。後半部は反米思想が見えてきて、視聴率を落としたという話もありますから、もっとも人気が高かった頃（慰安所シーンなどがある、主人公が日本軍にいた頃）には、視聴率五十％を超えていたことでしょう。『韓国現代史散策』という本など当時の記録によると、高等学校などで、歴史教育の視聴覚教育材料として使うためにこのドラマのビデオテープを放送局側に要請することも珍しくなかったとのことです。

まるで誰かがシナリオでも書いておいたかのように、次々と押し寄せる慰安婦問題。盧泰愚大統領の訪日で良い雰囲気になっていた日本政府は、困惑し、動揺しました。

第三節　「河野談話」で破壊された日本の正統性

「悪いこともしたが、良いこともした」発言で辞任した江藤隆美元長官

当時の日本では、「韓国に反論してはいけない」ことになっていました。一つ、事例を紹介します。

いわゆる慰安婦問題が騒がれるようになってから少しあとの一九九五年十一月、日本の総務庁長官だった江藤隆美長官が辞任する騒ぎがありました。第二章で紹介した、村山富市総理の「併合は合法だった」発言の件の続きになります。韓国側が猛反対し決議案まで出してくると、総理はびっくりしました。そういう意味ではなかった。悪かった。あれは強制だった。総理は火消しに必死でした。

そんな村山総理に対し、江藤隆美長官は「日韓併合は強制だったという村山総理の言葉は間違っている。併合時代に、日本は悪いこともしたが、良いこともした」と発言しました。

最近、ネットや書籍などで「日本の態度は韓国にやさしすぎる」という指摘をよく見かけるようになりました。しかし、これでもずいぶんマシになったものです。二〇〇〇年代になるまで、日本は本当に韓国に対して頭を下げっぱなしでした。

一九九五年の件も例外ではありません。かわいそうな被害者の韓国にそんな酷いことを言うな！　と各方面から叩かれた長官は、すぐに辞任してしまいます。「悪いこともしたが、良いこともした」。ただそれだけで、長官がやめなければならない、そういう時代だったのです。ちょうど二十年前のことです。

相手を否定することでしか自分を肯定できないバカも、自分を否定することで誰かを肯定できると思っているバカも、問題解決の役に立たないのは同じです。

東亜日報に掲載された核心人物・石原信雄元官房副長官のインタビュー

一九九三年、なんでも負けてやればそれで済むと思っていた日本政府（宮澤喜一内閣でしたが、別に内閣だけの問題でもありません）は、わずか十六人の慰安婦たちへの聞き取り調査のあと、「河野談話」を発表することになります。

河野談話とは「慰安婦関係調査結果発表に関する河野内閣官房長官談話」の略で、その名の通り慰安婦問題に日本の軍及び「官憲」が直接加担したことを明記した談話です。該当内容を引用すると、「慰安所は、当時の軍当局の要請により設営されたものであり、慰安所の設置、管理及び慰安婦の移送については、旧日本軍が直接あるいは間接にこれに関与した。慰安婦の募集については、軍の要請を受けた業者が主としてこれに当たったが、その場合も、甘言、強圧による等、本人たちの意思に反して集められた事例が数多くあり、更に、官憲等が直接これに加担したこともあったことが明らかになった。また、慰安所における生活は、強制的な状況の下での痛ましいものであった」としています。

二〇一三年七月十九日の東亜日報に、「河野談話の核心人物であった石原信雄（一九八七～九五年官房副長官）さんに話を聞いた」としながら、次のようなインタビューが掲載されました。

・**（記者の質問）どのような背景から、河野談話が出てきたのか……**（石原信雄さんの答弁）「一九九一年十二月、韓国慰安婦が日本の裁判所に謝罪と損害賠償を求める訴訟を提起した。日本政府の公式立場は、一九六五年韓日協定の付属協定である請求権交渉で損害賠償問題は終わったということだ。裁判所もそのような趣旨で訴訟を棄却したが、韓国政府は『慰安婦の存在と事実関係を調査してほしい』と要請した。宮澤内閣は、要求を受け入れた」

・**どのような役割だったのか……**「私は当時官房副長官だった。各省庁の慰安婦の調査を指示し、資料を収集した。省庁だけでなく、都道府県や米国など海外の文献まで集めた。そして、収集した資料を最終的にまとめる役割を引き受けた」

・**結果はどうだったか……**「慰安婦の存在が明らかであることを知った。（一九九二年七月の）調査結果に基づいて加藤紘一官房長官が慰安婦の存在と当時の環境などを発表した」。これは「加藤談話」のことで、日本軍が慰安所の設置と運営、車両を利用した慰安婦移送などに関与したという事実を初めて公式的に認めた談話のことです。

・**慰安婦強制動員の資料もあったのか……**「軍の命令、連絡文書などをすべて見たが、軍や官憲が慰安婦の意思に反して強制的に募集したことを裏付ける資料はなかったので、加藤談話で『意に反した強制募集』という内容は、含まれなかった」

・**韓国の反応はどうだったか……**「韓国政府は、強制動員を認めるように強く要求した。『文書がないからって、強制動員を否定するのは話にもならない』というのが韓国政府の主張だった。宮澤内閣はどうするか議論した。文書の他に、慰安婦たちの話まで聞いてみようと結論付けた」

・どのような証言があったのか……「慰安婦十六人の証言を聞いた。政治的性向を持っている人などを除いて、可能な限り信頼できる人を選んで聞いた。その結果、強制性を否定できないと判断した。女性は、本人の意思に反して慰安婦になった。そして、一九九三年八月、河野官房長官が慰安婦募集の強制性を認める談話を発表した」

ちゃんとした資料もなしに、「とりあえず韓国側の要求通りに認め、頭を下げた」ことがお分かりでしょうか。二〇一四年九月十五日の聯合ニュースによると、例の十六人はすでに十四人が死亡、二人は認知症がひどくて「人に会えない」状態だそうです。

残ったのは「日本が認めて謝罪した」談話の記録のみ

本当に、これで丸く収まったでしょうか。韓国政府も一時は「これでいい」というスタンスでした。しかし、それからどうなったかは、説明も必要ないでしょう。

「あ、そ。やはり軍がやったんだな?」「日本人ってレイプ魔だね。今の日本人ってそいつらの子孫だよね」「謝罪が足りない。賠償が足りない」「この件を解決しないなら関係改善などない」……返ってきたのは、そういう類のものではありませんか? 残ったのは「日本が認めて謝罪した」談話の記録だけ。

韓国では、「謝罪」もまた人の上下を決める手段でしかありません。何かの重い事案で謝罪してしまうと、その人は「下」になります。少なくとも韓国人の考え方では、慰安婦問題においての日本の正統性〈上に立てる根拠〉は、河野談話で破壊されたのです。

この件が「談話作成時に日韓両政府間で文言調整があったと結論付けた」、「日韓両政府が、文言調整の事実を対外的に非公表とすることで一致していた」などと「検証」され、部分的ではありますが無力化されたのは、二〇一四年六月二十日、安倍政権の「河野談話検証結果」発表の時でした。韓国側は反発の意味で、同日の午前、日本側の領海も含め、竹島沖で一方的な軍事射撃訓練を行いました。

第六章　韓国の最終目的は「基本条約」の完全なる無効化

第一節 「先進国」「克日」の夢とともに韓国倒産

「一二・一二事態」を「クーデター」にした金泳三大統領の軍事政権潰し

「いわゆる慰安婦問題」について書いていたら時間軸がまたズレましたが、話を一九八八年四月の韓国に戻しましょう。

「北風」が足りなかったのか、与党は総選挙（国会議員選挙）で負け、「与小野大」政局になってしまいます。大韓民国が民主主義国家として生まれてすでに四十年が経っていましたが、実際に「民主的に」運営されてきたのかを問うと、微妙な歴史しかありません。このような難しい政局に対処できるノウハウを持っている人はいませんでした。

しかも、与党側は盧泰愚大統領のあとを継ぐほどの人材が見つけられずにいました。単任制だから盧泰愚大統領がまた出馬するわけにもいきません。慌てた政治家たちは、三つの党で統合するという力技で与小野大をなんとかすると決めました。

一九九〇年一月、民主正義党（与党）の盧泰愚総裁、統一民主党の金泳三（キム・ヨンサム）総裁、共和党の金鍾泌（キム・ジョンピル）総裁が合党（「三党合党」）に合意し、巨大与党、「民主自由党（民自党）」が誕生します。これは、明らかに平和民主党（金大中総裁）だけが置いてけぼりにされた構図です。

金泳三氏と金大中氏は、長い間、韓国の民主化のために戦ってきた仲間でしたが、一九八七年選挙の時に候補一本化（金泳三氏と金大中氏のどちらか一人だけを大統領候補とし、票を結集させるため）に失敗した時から、二人の仲はあまり良いとは言えない状態でした。金鍾泌（キム・ジョンピル）総裁はもともと朴正熙元大統領の側近です。この巨大な与党から大統領候補として出馬したのは、その与党と長く戦ってきた金泳三氏。そして、一九九二年の大統領選挙で韓国の十四代大統領に当選します。

こうして三十二年ぶりに「軍人出身でない」大統領が現れたわけですが……彼は大統領になってから見事に手のひらを返し、一九九三年に就任してからは全斗煥元大統領・盧泰愚前大統領、及び軍事政権の悪事を暴き出します。

彼の政権が行った「軍事政権潰し」の中でもとくに注目すべきは、「一二・一二事態」のことで全斗煥元大統領・盧泰愚前大統領に内乱の罪を問い、死刑判決を下したことです（後に赦免）。それから二人の大統領は、政治の世界から完全に姿を消すことになります。

この時から朴正煕元大統領の五・一六と全斗煥元大統領の一二・一二に対する呼び方は「クーデター」になります。「革命」が、一夜にして反乱（クーデター）になりました。

裁判は一二・一二事態に対するものでしたが、全斗煥氏が事実的に朴正煕政権から権力を得たことから、解釈によっては朴正煕氏（すでに故人だったため裁判対象にはなりませんでしたが）にまで「犯罪者」という烙印を押したことになります。

いわば、韓国の右派勢力が信奉していた朴正煕大統領の「正統性」の一部が、破壊されました。正統性という言葉に敏感な韓国人の精神世界に、これは強烈に効きました。軍事政権に対する評価は、一気にガタ落ちします。朴槿恵（現）大統領はまだ大統領候補だった頃、この件について、「裁判所の判決を尊重します」とだけ話し、具体的な言及を避けました。

韓国の「二元論」の象徴――「右派」と「左派」

さて、ここで前著『韓国人による沈韓論』にも書いた内容ですが、韓国の「右派」と「左派」についてです。韓国は、何事も「二元論的」にしか考えない国です。上か下か、勝ちか負けか、白か黒か……「左右葛藤」もその副作用の一つです。

右派は保守勢力のことです。李承晩元大統領を信奉する人たちもいますが、大多数は朴正熙元大統領の軍事政権から繋がる反共思想を支持する人たちです。現在の「セヌリ党」。慶尚道地域で勢力が強く、反共思想や親米思想が強いのが特徴です。選挙結果などを見ると、韓国には「やや右派」な有権者が多いようです。宗教ではキリスト教・プロテスタントである「基督教」が最大の支持勢力になっています。大企業、とくにサムスンやLGなど財閥企業とも近い仲です。

左派はリベラルのことです。韓国では進歩勢力と言います。李承晩元大統領よりは金九氏、朴正熙元大統領よりは金大中元大統領を精神的リーダーとします。長い間、民主化のために戦った勢力も彼ら左派ですが、なぜか親北思想が強く（大きな矛盾です）、いつも右派と衝突しています。現「新しい政治民主連合」など。全羅道地域で勢力が強く、北朝鮮と「一つの民族」とする民族主義思想を持論とし、反米思想も強いです。労働組合などと仲が良く、民族宗教や、キリスト教・カトリックの「天主教」から支持を得ています。

悲しいことですが、軍事政権の「克日」や「未来志向」は今はなく、右も左も反日思想が強いのは同じです。

「IMF事態も日本のせい」という荒唐無稽さ

「過去の支配者の全否定」にまたまた成功した金泳三大統領。しかし、邪悪な軍事政権を倒した私は正義の味方だ！　と自信満々にスタートした彼の政権は、一言で、全然ダメでした。邪悪な日帝を倒した（？）私は正義の味方だ！　と言いつつ、何もできなかった李承晩元大統領とそっくりです。経済も安保もパッとせず、カリスマもリーダーシップもなし。日本との関係も、またズレが大きくなりました。彼は、これまた李承晩元大統領のように、反日主義者でした。

前章で紹介した「併合時代に良いこともした」発言などで騒がしかった一九九五年十一月十四日、彼が中国の江沢民《こうたくみん》国家主席と会った時に、何を話したのか、見てみましょう。一九九五年十一月十八日付、東亜日報の記事から部分引用します。

・「金泳三大統領が（一九九五年十一月）十四日、江沢民中国国家主席との首脳会談のあとの共同記者会見で、日本の歴史妄言と関連し、「ボルジャンモリ（ワルフザケ）を叩きなおしてやる」と話したことで、日本内で波紋が広がっている」
・「日本政府スポークスマンの野坂浩賢官房長官は十六日の記者会見で『公式的には使わない言葉だと知っている。後に発言を訂正し、公式的な発言ではないと理解しているが、節度のある発言をしてほしい』と不快感を露わにした」、「日本政府が韓国大統領の発言に反発するのは大変異例的なことだ。歴史妄言などで追い込まれているにもかかわらず、政府のスポークスマンがこのような反応を見せたのは日本政府の強い不快感を現している」

しかし、日本を叩きなおすと強がっていた彼は、一九九七年末、アジアを飲み込んだ金融市場の乱れに、何一つ対処できず、叩き潰されます。

外形的な発展だけに気を遣い、砂上の楼閣にすぎなかった大韓民国。大企業の連鎖倒産、激増する金融機関の不良債権、政経癒着による各種弊害、手抜き工事による惨事とともに広がる社会不安、当然のように縮小していく海外からの投資……後に「外為（外国為替）危機」と呼ばれる時期が、韓国を襲いました。

実際に使うことができる韓国の外貨準備高は対外発表値の十分の一にもならず、すぐ底をつきました。国の倒産です。韓国の国家信用度や貨幣価値は暴落しました。非公式な話ではありますが、当時の閣僚たちの共通する証言によると、金泳三大統領は「直前まで事の深刻さに気づいていなかった」とのことです。

結局、韓国は国際通貨基金（ＩＭＦ）に救済金融を申請することになります（ＩＭＦ事態）。長い間、韓国が夢見ていた「先進国」「克日」の夢とともに、韓国は倒産しました。

金泳三政府は、「問題ありません」と、危機を否定する発言ばかりを繰り返していました。まるで、問題ありませんと言いつつ、自分だけが逃げ出した朝鮮戦争の時の李承晩元大統領のように。そして、金泳三大統領も彼の政権も、静かに消えました。デモのあとに静かに逃げ出した李承晩元大統領のように。

今では、彼の政権を評価する韓国人はほとんどいません。「ＩＭＦの苦しい記憶」だけです。ずいぶんあとのことになりますが、金泳三大統領は「日本が資金を早めに回収したのがＩＭＦ事態の原因の一つだったと聞いている」と話し、ＩＭＦ事態も日本のせいだとするイメージを残しました。もちろん、真っ赤な嘘です。嘘でなんとかしようとするところも、李承晩元大統領そっくりです。

第二節　左派政権が先導した歪んだ「愛国心」

「反日」の強化、「反共」の弱体化

崩壊した経済の前には、巨大与党も何もできませんでした。

一九九七年の大統領選挙で、一時は引退を宣言していた金大中候補が野党側から出馬、十五代大統領になります。政権交代です。前の支配者（日本）を全否定するだけで、何一つ肯定的なものを残すことができなかった李承晩氏。その後は尹潽善（ユン・ボソン）大統領と張勉（ジャン・ミョン）総理という、さらに民族主義志向の強い指導者が現れ、アメリカも心配していたという内容が第三章にありました。

歴史は、そのまま繰り返されました。金泳三氏のあとに「支配者」になったのは、民族主義で武装した左派のリーダーです。もちろん、一九六〇年代と違い、朴正熙大統領のような人物は現れませんでした。

一九九八年～二〇〇三年の十五代・金大中（キム・デジュン）大統領と、二〇〇三年～

二〇〇八年の十六代・盧武鉉（ノ・ムヒョン）大統領までを「左派政権」と呼びます。以下の内容は、時期に別記がない限り、十年間の左派政権期間に共通するものです。

左派政権、とくに金大中大統領のやり方は、賢いものでした。彼らは信念である「親北」を貫くために、二つが必要だということを知っていました。

一つは、今まで通り、過去の支配者への全否定。朝鮮半島の歴史はこれがないと始まりませんね。

ありがたい（?）ことに、これは金泳三前大統領が全斗煥・盧泰愚元大統領を叩き潰しておいたおかげで、とてもスムーズに進みました。金泳三政権を「仮にも右派（中道右派）を名乗って出馬したくせに、左派政権に渡橋をつくってやっただけ」と批判する声があるのも、このためです。

左派政権の手によって、朝鮮戦争や軍事政権の時に行われた数々の虐殺事件などが明らかになりました。軍事政権に対して自分なりの肯定的評価をしている私のような人間には非常に残念なことです。しかし、これらは、そこそこ客観的な証拠に基づいたものでした（左派政権になっても国家保安法は生きていたため、確実な証拠なしでは発表できなかったという側面もあります）。よって、個人的には「仕方ない。むしろ左派政権の数少ない功績だ」と考えています。

問題は、「ああ、何だ悪いのはこちら（軍事政権）だったか」という愚かな考えが国民の間に広がったことです。それはいつからか北朝鮮への免罪符になってしまい、左派政権の親北政策に大きな助け舟となります。

もう一つは、「民族」という言葉を元の意味、すなわち反日に戻すことでした。敵を日本にすることで、北朝鮮を一つの民族、同じ「ウリ（仲間）」として迎え入れることができます。北朝鮮も韓国と同じ、日帝にやられた被害者という側面を強調することもできます。長らくその矛先を北朝鮮に変えていた韓国の民族主義思想が、本来の姿に戻り始めました。傷つき、大きくぐらついた旧支配者（軍事政権）の正統性、そして目の前に現実として現れた国家破綻など、一九〇〇年代（大韓帝国末期）そっくりの環境。

当時と同じく、民族主義が燃え上がりました。左派政権はそのチャンスを逃さず、反日の強化、反共の弱体化を進め、「日射し政策（太陽政策）」で代表される親北政策を掲げます。

「全教組」による徹底的な「洗脳」

左派政権が民族という力（力というか呪いというか？）を反日に戻せたのは、教育の力です。いつの時代どこの国でも同じですが、国民の認識を変える道具としてまず狙われるのは「マスコミと学校」です。少ない費用で、驚くほどの効果があるからです。

今まで左派勢力を支持してきた韓国の教員労働組合である「全教組」が、その中心にありました。学校では「北朝鮮は同じ民族だから仲良くしないといけない。今のように仲が悪くなったのは日本やアメリカなど強大国と、その犬だった軍事政権のせいだ。朴正熙って、本当は親日派なんだよ」という教育が始まりました。

その教育方針の下で授業を受けたのが、ちょうど今（二〇一五年）、社会人になっている人たちです。彼らにとって、北朝鮮は敵ではありません。同じ民族、同じ被害者です。

政権が変わった今でも、韓国の教育界で進歩（左派）勢力は圧倒的です。二〇一四年六月四日、地方選挙として行われた「教育監（自治体の教育事務の責任者）」選挙の結果、保守（右派）志向の教育監が四人当選した一方で、進歩志向の教育監が十三人も当選しました。悪い意味だけで捉えてみると、韓国の左派教育は民族主義的（自民族の優秀性など）なものばかりで、反日は必須品です。

マスコミも同じで、一部の保守系を除いては、多くのマスコミも左派政権の親北政策に同調しました。一つ、当時の経験談ですが、アメリカのブッシュ大統領がイラン・イラクと並んで北朝鮮の金正日（キム・ジョンイル）氏を「悪の枢軸」と非難した時、「同じ韓民族である金正日をあんな風に言うとは、ブッシュ大統領は韓国への配慮が足りない」という地上波ニュースが流れたりもしました。

金大中大統領は、なぜ「日王」ではなく天皇と呼んだのか？

では、いきなり反日思想が再び爆発したのか？　というと、そうではありません。むしろ、金大中は「天皇」という言葉を公式的に使いながら、本音を隠しました。

少なくとも韓国のマスコミ等に対して、政府が公式的に「天皇」という言葉を使うと表明したのは、一九九八年の金大中大統領の訪日の時だけです。当時、金大中大統領は、訪日する何カ月か前から「天皇」という言葉を使いました。訪日の際にも天皇という言葉を公式的に使っています（一九九八年九月十二日「毎日経済」）。

当時の韓国の外交通商部のパク・ジョンス長官も、なぜ日王（天皇を格下げする表現。これが一般的に使われる）ではなく天皇という言葉を使うのかと指摘するマスコミに対して、「天皇は日本の天皇だ。例えば小渕恵三（当時の）日本外相を小渕恵三と呼ぶのが当然であるのと同じで、皆さんが天皇と呼んでいる方を天皇と呼ぶのは当然のことだ」と話しています（一九九八年五月十四日、東亜日報）。

当時の金大中大統領の訪日は、明らかに日本からの経済的支援・投資など、「お金」狙いでした。もちろん、経済が回復してからは、また「日王」という呼び方に戻りました。左派政権の反日思想が本格化したのは、それからです。お金がほしい時だけ天皇と呼んだのか？……と思うのは、さすがに考え過ぎでしょうか。

韓国が作り続けるベストセラー「反日商品」

左派政権の反日が本格化したのは、ある程度は経済的危機が収まった、二〇〇一年からです（金大中氏よりは盧武鉉氏の反日が目立ったのもこのためです）。韓国は、反日を使って新しい「商品」を作り続けてきました。

その中の一つである「靖国神社参拝問題」が作られたのは、二〇〇一年の小泉純一郎総理の時です。大平正芳・鈴木善幸・中曽根康弘元総理など、過去に総理が就任中に参拝したこともありますが、韓国では大した騒ぎにはなりませんでした。慰安婦問題も一九九〇年代まで静かでしたし、日本海表記問題も最近になって出てきた問題です。

必要な時に相応の「商品」を作り出すという感覚です。その商品を買うのは、もちろん国民です。代金として、怒りと憎しみを払って。売れた分、政府は国民をコントロールしやすくなります。すごい商品ですね。

反日を炎上させるためのキッカケを窺っていた左派政権は、二〇〇一年から、何ということだ！　極右小泉総理が靖国神社に参拝した！　と、大げさに騒ぎ出しました。彼はアメリカ政府（当時ブッシュ政権）と仲が良かっただけに、韓国の左派政権から見ると「一石二鳥」でした。憎しみが日本に向かうほど、反米も強くなるし、親北政策もやりやすくなります。親北と共存できないもう一つの思想が親米だからです。

この左派政権の十年間、反米デモなども無数に起きました。とくに二人の女子中学生が米軍の車両に轢かれて死亡した事件（二〇〇二年）は国中に反米思想を巻き起こし、盧武鉉大統領の当選に何より大きな要因となりました。そういえば、二〇〇四年には、今は「江南スタイル」などで有名なPSY（サイ）という歌手が、「（米軍とその家族を）全員殺せ、ゆっくり殺せ、苦しく殺せ」と、反米ソングを歌ったりもしました。

親北政策がこれといった成果を出せなかったことや、カード大乱（二〇〇三年、クレジットカード乱発による副作用で起きた内需型経済危機）など経済政策の失敗で支持率が落ちるほど、反日も強くなりました。支持率を少しずつ回復しながら反撃に出た保守勢力も、左派政権の反米思想に対しては非難を強めましたが、反日には何も言いませんでした。すでに反日は左右共通になっていたのです。

「大韓民国政府」名義で千五人の「親日派名簿」発表

とくに小泉総理と靖国神社は、まさに「民族の仇」として、右も左もなく、想像を超える糾弾の対象になりました。法より強い「国民感情」が動き出しました。とくに若い人たちを中心に。日本、そうだ敵は日本だった。なぜ今まで忘れていたのだろう？

そして、反日に怒り狂う民衆の支持を得て、本格的に「魔女狩り」が始まりました。

二〇〇二年二月二十八日、韓国国会の「民族精気を立てる国会議員の会」が「親日派」として七百八人の名簿を発表します。これらのリストは、一九四八年に制定された「反民族行為処罰法」に基づいて作成されました。五十四年の時間を超え、反日の合法的根拠、すなわち反日の強制力が再び目を覚ましてしまったのです。

二〇〇五年に親日人名辞典編纂委員会や民族問題研究所が発表した三千九十人の親日派名簿（一次）には、朴正熙元大統領の名前もありました。二〇〇六〜二〇〇九年まで（三回にわたって）は、ついに「大韓民国政府」名義として千五人の親日派名簿が発表されました（「大韓民国政府発表親日派名簿」）。

戦後の韓国を作り上げてきた大勢の人たちが、梨花女子大学の初代総長も、国歌を作った人も、朝鮮戦争の英雄も、併合時代に頑張って出世した人なら、どいつもこいつも親日派にされました。反日が民族のため。親日は反民族。韓国はそう生まれた国です。「元に戻った」と言うべきでしょうか？

一方、なんでもかんでも親日派としたせいで、笑えない事件もありました。親日派を究明する立場にいた国会議員の先祖が、実は親日派でした。なんと独立運動家を拷問したことが確認されたとか。併合時代に金大中大統領が勤めていた会社も、左派政権の基準だと親日会社でした。でも、なぜかそういうのは話題になりませんでした。

この流れは、今も続いています。二〇一四年九月、KBSの新任理事長であるLさんの「資質（資格）」問題で、野党国会議員たちと一部の市民団体が反対声明を発表しました。資質問題として取り上げられたのは、彼女の祖父が親日行為をしたことです。二〇一四年九月十一日の「オーマイニュース」によると、市民団体と野党議員たちは、次のように声明文を発表しました。

「代表的な親日派の子孫を公営放送KBS理事長に内定したのは、国民に対する冒涜であり、歴史に対する罪である」

「親が罪人だから、子孫も罪人」という考え方が丸出しですね。Lさんのお祖父さんは、例の「反民族行為者」になっています。彼女（Lさん）は、こう反論しました。「併合時代に中産階級以上だった人は全員が親日派だと思っているのですか？」。残念ですが、彼らは本当にそう思っているのでしょう。

二〇一四年十二月二十日のハンギョレ新聞の報道によると、ソウル市教育庁は、管内の中・高等学校に「親日人名辞典」を配布することにしたとのことです（二〇〇九年に民族問題研究所が刊行した名簿）。

キム・ムンス市会議員は「学校図書館に親日人名辞典を備えつけ、教師が歴史授業をする際に親日派に対して正しく知ったうえで、教え、民族正統性を正す趣旨で進める事業だ。小学生はまだ幼いので、もう少し検討してみた後に小学校への拡大を決める」と話しました。全て税金で用意されます。

「日帝強占下反民族行為真相究明に関する特別法」の可決

基本条約の無効化もこの時（二〇〇二年の親日派名簿作成）から本格化します。民族主義者たちから見ると、「せっかく全否定しておいた日本にノコノコと頭を下げて結んだ、憎き基本条約！　謝罪と賠償が終わった？　ふざけるな！」だったのでしょう。自分たちの主観で「正しい」ものでない条約など、彼らには何の意味もなかったのです。

二〇〇三年八月十四日、国会議員百五十五人が「日帝強占下親日反民族行為真相究明に関する特別法」を発議します。そして二〇〇四年、日本を意識してか「親日」の用語を消し、「日帝強占下反民族行為真相究明に関する特別法」として可決されました。この特別法に基づき、さまざまな法律が作られます。「法的根拠による反日」がさらに加速します。

二〇〇五年には親日反民族行為者財産の国家帰属に関する特別法が成立、日露戦争後から一九四五年八月十五日までの親日行為で蓄財された財産について国に帰属させることが決まりました。俗に『親日財産没収法』と呼ばれている法律です。

同じく二〇〇五年、二〇〇三年の特別法に基づいて政府と民間団体で構成された「韓日国交正常化文書公開対策官民共同委員会」という組織が作られ、「慰安婦とサハリン同胞、原爆被害など三つには日本の法的責任が残っている」と明らかにしました。

これは今でも韓国政府の公式立場であり、「最終的な解決」を明記した基本条約の、一方的な破棄と同じです。「まだ、私たちの好きな時に謝罪と賠償を請求できる」「賠償おかわり、謝罪おかわり！　終わりなどない！」

これが「国と国との関係」においてどれだけ恐ろしいことなのか、お気づきでしょうか。日本ではちゃんと報道されたのでしょうか。まさか、「初耳」ということはないだろうと信じたいものです。

これで、韓日協定（基本条約）に「公式的な」亀裂が発生しました。二〇一二年大統領選挙の候補だったムン・ジェイン議員も、その委員会の一人でした。

「過去の敵」と「現在の敵」を見分けることができない愚

では、基本条約の無効化はともかく、親日派や靖国問題など、いわゆる「過去史問題」を集中的に持ちだしたことにはどんな意味があったのか？　韓国人の思想にどんな変化をもたらしたのか？　それは簡単です。

親日派や靖国神社参拝問題などは、国民に「過去の問題はまだ終わっていない」という不満を巻き起こしました。「過去の敵」と「現在の敵」を見分けることができない愚かさ。朴正煕元大統領が恐れていたことでもあります。過去史問題ばかり国策として大きく取り上げられ、放送でも学校でも大騒ぎ。それを毎日のように見て聞いた国民は、とくに幼い人たちを中心に、「過去」の大日本帝国と「現在」の日本の区別ができなくなってしまいました。「過去を生きた」先祖が親日だったから、「今を生きる」その末裔の私有財産を奪うこと（親日財産没収）も、当然だと思うようになりました。

罪人の子は罪人だ。それは永遠に終わらない……韓国の指導層の人たちは、口をそろえてこう言いました。「やっと歴史が正しくなった」と。

二〇〇二年サッカーワールドカップが残した邪悪な「刻印」

二〇〇二年サッカーワールドカップもまた、韓国人に歪んだ愛国心を埋め込みました。あれは集団催眠、いや黒魔術でした。血を流しながらグラウンドに倒れている外国チームの選手。何も言わない審判。そして、勝利。誰もラフプレーなど指摘せず、「皆が心を一つにして勝てた」とだけ褒め称えました。

二〇〇二年サッカーワールドカップは「正しくない方法でも、勝てばいい。それが『私たちには正しい』からそれでいい。問題点は隠し通せばいい。誰にも言わなければいい」という邪悪な副作用を残しました。

二〇〇五年、ES細胞関連で国民的英雄になったファン・ウソックという教授の論文が、実は捏造だとバレる事件がありました。あの時、韓国社会は「誰にも言わなければよかったのに」と、報道した人たちを責めました。告発番組のプロデューサーはストレスで入院し、内部告発者の若い科学者は、自宅に刀を持った男が侵入するなど、まともな生活ができなくなりました。それと同じです。

もちろん、今の反日思想にも同じ心理が渦巻いています。

左派政権の狂宴と「嫌韓」の時期は一致する

左派政権十年間の狂宴は、たぶん、日本で「嫌韓」という言葉が聞こえるようになった時期と一致すると思います。日本で嫌韓現象ができた理由について、教授から記者までいろいろな分析をしているようですが、私は「インターネットの普及」がもっとも大きな理由だと思っています。

韓国のことを「知る」ようになったのです。二〇〇〇年代初頭、皆さんがネットで覗いた「隣国」韓国の反日の姿が、この左派政権のものでした。

反日は朝鮮半島にずっと存在してきました。今も存在しているし、これからも消えることはないでしょう。その反日の責任から自由になれる韓国人など、私を含めて、一人もいません。

ただ、それが明らかに「悪化」した時期は特定できます。一九〇〇年前後の民族主義歴史観の登場、一九四八年の大韓民国の建立（併合時代の全否定）、そして一九九八年からの左派政権がその時期に当たります。

ある意味、格言を引用したほうが効果的かもしれません。個人的に、人物名と「quote（格言）」でネット検索してみるのが好きです。サイトによって少しずつ表記は違いますが、面白い格言がいろいろ見つかります。その格言はほとんどが一行だけの短いものですが、長々と書かなければならない複雑な事案を、見事に描写してくれます。その中で、この時期（とくに二〇〇〇年代初頭）の韓国をうまく現している格言のいくつかを紹介しましょう。

・「民衆が考えなしであることは、支配者にとって実に幸運だ」
・「嘘を、大声で、充分に時間を費やして語れば（※または『頻繁に語れば』）、人はそれを信じるようになる」
・「国民のほとんどは、小さな嘘よりも大きな嘘によく騙される」
・「条約が有効なのは、私にとって有益な間だけだ」
・「熱狂した民衆だけがコントロールできる」
・「『憎い』は『嫌い』より長持ちする」

これらは、全て、アドルフ・ヒトラーの格言となっています。

第三節　李明博大統領は骨の髄まで「反日主義者」

基本条約締結に反対した「六・三運動」参加者であることを自慢

しかし、経済政策も太陽政策もうまくいかず、左派政権の支持率は暴落しました。その隙を狙った右派勢力は反撃に成功し、二〇〇七年十二月、李明博（イ・ミョンバク）氏が大韓民国の十七代大統領に当選します。

「左派政権が終わったから、反日の暴走も元に戻ったでしょう？」……残念無念ですが、答えは「いいえ」です。むしろ、悪化しました。

まず、この李明博という男、骨の髄まで反日主義者です。

第四章で紹介した、基本条約締結に反対する六・三抗争の時に学生リーダーとして参加していた彼は、それからも「六・三運動（抗争というニュアンスが悪いからか、最近はこう呼ぶことが多いようです）参加者」ということをずっと自慢にしました。そして、自分は右派ではあっても、軍事政権（朴正熙）とは違うということも。

二〇〇六年十二月六日「ニューシーズ」は、李明博（当時）ソウル市長が六・三運動の参加者たちが集まった会場で祝辞をしたという記事を載せていますが、その記事のタイトルが「朴正熙と距離を置くために」です。自分は右派ではあるが、すでに大勢の敵を作った軍事政権とは全然違う、反日を貫いて軍事政権と戦ったということをアピールしたかったのです。同じハンナラ党（現セヌリ党）の大統領候補になるためには、朴正熙元大統領の娘（朴槿恵氏）との競争で勝たなければならないという理由もありました。

この六・三運動参加者というのが、物凄い反日主義者ばかりです。

その一人、一九九四〜一九九六年に国務総理だった李洪九（イ・ホング）氏の寄稿文（二〇一四年六月二日、中央日報）の一部を紹介しましょう。彼は、結果的には失敗しましたが、一時は金泳三大統領の後継者だと言われていました。

「六・三運動の起爆剤は、日帝の非道な侵略と不法的に主権を奪ったことに対する明確な謝罪なしに国交正常化を論じることなどできないという怒りと、会談に臨む韓国側が民族正統性のために戦ってきた独立運動勢力（※臨時政府関係者）ではなく、軍事政権によって代表されていることに対する悲しみから始まった、民族感情であった」、「半世紀が経った今日、六・三の旗手たちは、完熟した知恵で良い論文を発表した……（中略）……一九六五年日本と締結した請求権協定は、日本が主権を奪い植民地支配を施したことを清算する条約になることはできなかった。韓日協定の再交渉を要求しなければならないという李富榮（イ・ブヨン）代表（言論人出身の政治家の一人です）の主張は説得力がある」

李明博政権が「潰す」ことにした過去の勢力は、左派政権の間に強くなった、反米思想だけです。反日思想は放置しました。彼は執権初期、アメリカ産牛肉の輸入問題で、国会など全ての手続を無視して（※慣行的に問題ですが、違法ではありません）自分で輸入を決めてしまいます。これは左派政権で悪くなっていたアメリカの韓国に対するイメージを良くするための策でした。しかし、狂牛病（ＢＳＥ）問題の誤解も重なって、「牛肉デモ」と呼ばれる大規模のデモが起きてしまいます。

そんな李明博大統領にとって、反日思想は、国民の憎しみを分散させるという「使い方」もありました。彼は任期後半、支持率が落ちた時にも、竹島上陸や、前に紹介した天皇侮辱発言など、暴挙に近い反日をアピールします。非公式データですが、これだけで九％も支持率が上がったとか。

前大統領だった盧武鉉氏は、潰すまでもありませんでした。不正献金に関する疑惑で検察調査が迫り、盧武鉉氏は二〇〇九年五月、自殺してしまいます。韓国の大統領って、殺されたり自殺したり投獄されたりと、大変ですね。

「日本に抗議しない、日本にタカらない」のは違憲である

李明博政権下でも、「基本条約の無効化」が着々と進みました。裁判所の判決発表などの「法的根拠」だけで見ると、左派政権の時より深刻です（裁判結果が出るまで時間がかかったという側面もあります）。

とくに、憲法裁判所の判決は重いものでした。二〇一一年八月三十日、「大韓民国と日本国間の財産および請求権に関する問題の解決と経済協力に関する協定」。いわば韓日請求権協定のことですが、これに対する解釈上の異見を今まで政府が放置してきたのは違憲だという憲法裁判所の決定が下されました。

一見、何を言っているのかよく分かりませんが、整理してみると、協定そのものが違法だというわけではなく、慰安婦や原爆などによる「日帝」の被害者たちが協定に対して抗

議してきた（謝罪も賠償も足りないと主張してきた）のに、政府が日本に対して何も言わず、これを正す努力をしなかったのは、すなわち「違憲」だということです。もっと日本に抗議しろ、もっと日本にタカれ、という意味です。もうめちゃくちゃです。

憲法裁判所は次のように話しています。

「日本軍慰安婦などが日本政府に対して持つ賠償請求権が韓日請求権協定によって消滅したかを置いて解釈上の異見があるにもかかわらず、これを解決しようと努力しなかったわが政府のやり方は違憲であることを確認する」、「請求人たちの財産権および人間としての尊厳と価値という基本権の重大な侵害の可能性、切迫性と可能性などを考慮すると、わが政府は問題解決に挑むべきである」、「わが政府には日本を相手に外交的交渉や仲裁手続きを推進しなければならない義務がある」

そして、二〇一二年五月二十四日、韓国の大法院（最高裁判所）は、いわゆる「日帝強制徴用被害者」たちが日本の三菱重工業と新日本製鐵を相手に、「強制労働に対する損害賠償と、受けられなかった賃金を請求した訴訟」に対して、原告勝訴を言い渡しました。

同日の京郷新聞などによると、「大法院一部は二十四日、強制徴用被害者および遺族十人余りが、不法行為に対する損害賠償と未支給賃金の支給において、三菱重工業と新日本製鐵を相手に出した損害賠償請求訴訟上告審で原告敗訴判決した原審を破棄して事件を釜山高裁とソウル高裁に送りかえした」と。

この件において、二〇〇五年の民官共同委員会と、二〇一一年に憲法裁判所が下した決定内容が影響を及ぼしたのでしょう。この人たちは日本でも同じ訴訟を展開してきましたが、日本の最高裁判所では、敗訴が確定していました（二〇〇七年）。

日本はいつも韓国を「同じ価値観を持つ国」と表現しますが、そんな日本と韓国の最高裁判所が「真逆」の判断を下した事案があるとは、驚きですね。

賠償金を払ってしまったら……待ち受ける甚大な事態

流れは止まりませんでした。二〇一三年七月十日には、ソウル高等裁判所が強制徴用被害者ヨ・ウンテク（九十歳）など四人が新日本製鐵（現・新日鐵住金）を相手に出した損害賠償請求訴訟で、「新日本製鐵は、各一億ウォン（約一千万円）ずつ計四億ウォンを賠償せよ」と、原告勝訴の判決を下しました。

二〇一三年十一月には、韓国の光州地方裁判所が、元勤労挺身隊原告五人（被害者六人）が三菱重工業を相手に出した損害賠償訴訟で、原告一部勝訴判決を下しました。

二〇一三年十一月一日の聯合ニュースの記事によると、部長判事は判決に先立ち、「大韓民国が解放されて六十八年が経過し、原告らの年齢が八十歳を超える時点で一歩遅れて判決することになり、慰労の言葉を申し上げる」、「今回の判決で悔しさを洗い、苦痛から抜け出し、残りの人生を送ってほしい」と話したということです。またまた感情的な判決だったということが、すぐわかります。

二〇一四年十月三十日には、韓国のソウル中央地裁が富山市の工作機械メーカー「不二越」に対し、元挺身隊の韓国人女性らへの賠償金支払いを命じる判決を言い渡しました。

この狙いをお気づきでしょうか。「金額が少ないから」って簡単に払ってやると、とんでもないことになります。数十、数百、いや数千数万の「被害者」たちが現れることも容易に想像できますが、そんなことより、もし新日本製鐵などがお金を払ったら、「ほら、基本条約などどうでもいいだろう？」という流れを作ることになります。

「日帝強占期に強制動員された韓国人がトヨタ自動車・ニコン・東芝など現存する日本企業六十六社で労務者として働いていたことが新たに分かった」、「今回の作業は強制徴用被害者が現存する日本企業を相手に損害賠償を請求する根拠を確保したという点で意味が大きい」……これは二〇一四年十二月三十一日、中央日報の一面トップ記事の内容です。韓国は、いくらでも追加で賠償請求できると、条約などどうでもいいと思い込んでいます。韓国の基準で、それが「正しい」からです。

国家間の正式合意を否定する不当な判決

彼らが狙っているのは賠償金だけではありません。基本条約の完全なる無効化です。不幸中の幸い、日本は「日韓間の財産請求権問題は完全に、最終的に解決されたというのが我が国の従来の立場」、「我が国の立場と矛盾する判決なら容認することができない」と声明を発表しました。また、各社も今までは賢明に対処しています。

新日本製鐵の報道担当者は「聯合ニュース」との通話で、「徴用者などの問題を完全に、かつ最終的に解決された一九六五年日韓請求権協定、すなわち、国家間の正式合意を否定する不当な判決なので、本当に残念」と、上告を含め、会社の公式立場を明らかにしています。

また、二〇一四年九月十七日の産経新聞によると、三菱重工業側も、「訴訟は一私企業と個人の問題にとどまらず他の企業などに影響を及ぼす」、「同じ問題で日本の最高裁により原告敗訴判決が確定している」、「日本の判決確定後に原告と協議したが原告が打ち切った」を理由に、応じないという態度をハッキリ示しています。

しかし、韓国もまた各社の韓国内資産の差し押さえを含め、いろいろな手を打とうとしています。外交的側面を含め、各社に対する日本政府のサポートが必要だろうと思われます。

第七章　朴槿恵政権が「強権的」である理由

第一節 朴槿恵政権「正統性脆弱問題」

「国家情報院」と「韓国軍サイバー司令部」によるネット世論工作

ここからは「今」の政権（二〇一三年から）の話になります。

李明博政権の親企業政策はサムスンやヒュンダイ車など極めて一部の企業の役に立っただけで、国民が肌で感じる景気は悪化するばかりでした。野党の勝利、また政権交代が確実視されていましたが、与党セヌリ党の朴槿恵代表は、同じ与党でありながら「親李派（李明博の側近など）」を容赦なく切り離し、党の力を一つにまとめ、支持率を回復します。

一方、野党側は「与党への反感」がそのまま自分たちへの好感になると勘違いでもしたのか、これといった政策も打ち出せず、候補一本化などもうまくできず、国民の支持率は下がるばかりでした。

「また左派政権に戻すわけにはいかない」VS「もう一度、政権交代だ」。両方の思想の差も強調され、国中が「右派」と「左派」に分かれて「五十：五十の戦いだ」と言われていた二〇一二年十二月の大統領選挙。結果、与党の朴槿恵候補が、野党の文在寅（ムン・ジェイン）候補を僅差で破り、勝利者となりました（十八代大統領）。

しかし、彼女の政権は、「正統性論争」とともにスタートすることになります。選挙前から話題になっていた韓国の国家情報院（旧・国家安全企画部。大統領直属の情報機関）と韓国軍サイバー司令部（デジタル戦を想定して作られた軍組織）によるネット世論工作が、事実だと明らかになったからです。

何のことかというと、国の安保のために働くことで給料もらっているおじさんおばさんたちが、ネットやSNS（ツイッターなど）に李明博大統領や朴槿恵候補を一方的に褒める内容、または野党の文在寅候補への悪口を「組織的に」書き込んでいたわけです。非公式に指摘されている数まで含めると、その書き込みは数万件を超えます。中には、それっぽく見せるための演出か、それとも精神年齢の問題か、「朴槿恵すごくね？」や「文在寅はちょ～キモイんだけど」など、雑なものもありました。

もし「国家機関」の「組織的」な「選挙介入」と認められると、これは非常に重い事案になります。それを知っていたからか、それとも知りたくなかったからか、日本に対しては毎日のように謝罪を叫んでいた大統領も与党も、この件には誰一人として謝罪せず、ダンマリ。その態度は、問題を悪化させるばかりでした。

与党議員が聴聞会で宣誓拒否した証人をかばう醜態

二〇一三年八月、当時の国家情報院長など関係者たちを証人とした聴聞会がありましたが、与党側の議員たちは、証人たちを必要以上に擁護しました。なんと、証人が宣誓を拒否したことまで「証人の人権を守るべきだ」とかばう醜態をさらしました。

左派で有名なハンギョレ新聞、二〇一三年八月十八日の記事から部分引用します。「正統性」の部分に注目してください。

「(与党が証人たちをかばったのは)朴槿恵政府の正統性に対する問題提起を防ぐために、無理をしたという分析も出ている。国家情報院ネット工作事件は李明博政府の時のことではあるが、選挙介入行為を認めた場合、大統領選挙の結果に対する議論にまで広がる可能性が、なくはないからである」、「セヌリ党のある関係者は、『民主党(野党)が国家情報院事件を介して、朴槿恵政府の正統性問題を持ちだすから、与党側はそれを防ぐことだけを考えすぎて、国家情報院の件を客観視できなかったようだ』と話した」

結局、当時の国家情報院長は、個人的な不正や公職選挙法違反などで、ソウル高等裁判所から有罪判決を受けることになります（二〇一五年二月九日）。

二〇一三年十月二十八日の京郷新聞も、「朴槿恵政権に再び正統性を問う」としながら、「民主政治の手続きが正しいかどうかは、選挙、政党、マスコミ、世論、利益団体が正常に機能したかどうかで評価される。そして、政治的に正統性というのは、そのような正しい手続きを経て行われた選挙の結果でのみ、作られる。マスコミが大統領を褒め称える記事を大きく載せたところで、正統性脆弱問題が解決されたりはしない」というコラムを載せました。

六十五年経っても未だ選挙一つ満足にできない国

この騒ぎは、一時よりは弱くなったものの、今でも続いています。まことに恥ずかしい限りです。私は、この件についての与党の態度には大いに疑問を感じていますが、これが現政権へのある程度の「傷」または「汚点」にはなるものの、正統性そのものを否定できる事案だとは、思っていません。正統性と言っても、この場合は完全に「合法性」の問題であり、その否定は「選挙のやり直し」を要求することでしかありません。そこまでやるべきだとは、私は思っていません。私は朴槿恵政権が嫌いですが、それとはまた別の問題です。

何が恥ずかしいのかというと、何が悲しいのかというと、民主主義というのは、選挙結果で物事を決めるという「根拠」の上に立っています。民主主義こそが、「今」のこの国の正統性であり、そうでなければなりません。生まれからして正統性という言葉に命をかけてきたこの国が、民主主義を名乗って六十五年が経ってもなお、「未だ選挙一つまともにできないのか？」……全身から力が抜けていきます。これで「過去」の半万年の正統性を謳ったところで、何の意味があるのでしょうか。

また、開票・分類する機械が問題だったとして、UN（国連）のバン・ギムン事務総長に「UNの介入で再選挙を」と強請《ゆす》る人が多く、米国ホワイトハウスの「We The People」というサイトに請願する人まで現れました。

このサイトは、請願した内容に一定数以上の同意が集まると、アメリカ外交部が返事をすることになっています。該当請願文を作成した韓国人は、「プログラムを利用した不正選挙になった」、「韓国人は憲法上の権利により人の手による開票を要求している」と主張しているとのことですが、韓国の憲法上の権利をなぜアメリカに訴えるのでしょうか。まだこの国の人たちには、「我が国の正統性は大国から決めてもらう」という思考が残っているのでしょうか。慰安婦問題などをアメリカに持ち込む人たちも含めて。

余談ですが、機械で開票しても、あとで手作業で再確認します。

第二節　「自分の後ろには常に断崖がある」

あの「朴正煕」たる存在を背負うということ

朴槿恵大統領は、ピンチの与党を救い、大統領の座まで登った人です。私は彼女をとても強い人だと評価しています（有能な指導者なのかどうかはまだ評価していません）。ただ、彼女の「偉大な」父親である朴正煕元大統領の七光りあってこその偉業だったことも、否定できません。朴正煕の娘というフレーズがなかったら、彼女がここまで保守派の支持を集めることはできなかったはずです。彼女が「女」という儒教思想の偏見に勝てたのは、「偉い人の子は偉い」という、また別の儒教思想の偏見のおかげでもあります。

しかし、振り返ってみると、彼女の人生を破壊したのも、また朴正煕というネームバリューでした。彼女の母親である陸英修（ユク・ヨンス）女史は、朴正煕大統領を狙った暗殺未遂事件に巻き込まれ、亡くなりました（一九七四年）。長女朴槿恵氏が二十二歳の時です。それから五年後、朴正煕大統領も暗殺されます。朴槿恵大統領の弟である朴志晩

（パク・ジマン）氏は、「朴正熙大統領の一人息子」という期待に答えられず、ヒロポン漬けになり、二〇〇二年まで四回も拘束されます（今は再起して企業家として活動しています）。二人の姉妹も、政治とは無縁の道を歩きました。

彼女が政治の道に入り、国会議員になったのが一九九八年。朴槿恵という一人の人間にとって最大の祝福でもあり最大の呪いでもあった、あの「朴正熙」たる存在を背負うことができるのは、彼女自身しかいなかったのです。

しかし、朴正熙大統領はもちろん、軍事政権の間、彼女をずっと守ってくれた全斗煥政権などにも、いつも正統性の問題が付きまとっていました。彼らの正統性を否定することは、彼女の人生そのものを否定することでもあります。

なのに、彼女自身の政権もまた正統性を問われることになるなんて。

「ブルトン（不通）」と「アブ（阿付）」

そんな彼女の動揺を、京郷新聞が「与党関係者の言葉」として、次のように表現しています（二〇一四年五月二十一日付）。

「朴大統領は、十八年間も隠遁生活をした。自分の後ろには常に断崖があると思っている。誰かがぶつかると、彼女は、自分を崖の下に落とそうとしているのだな、と思ってしまう。だから、誰かとぶつかる（対立する）ことに、彼女は耐えられない」

結果、彼女の政権は、「強権的に」なりました。それを現す二つの言葉が、「ブルトン（不通）」と「アブ（阿付）」です。

「不通」は、電話などの回線が機能しないという意味もありますが、この場合は「人の話を聞かない」という意味です。一般的には「固執不通（執着が強すぎて人の話を聞かない）」という表現が有名です。

「阿付」は、上の人におもねることです。上の人には卑屈に、下のものには強気になる韓国社会ならではの現象です。韓国では、小学生たちさえも、先生に贔屓されている子を「先生に阿付でもしたのか」と表現することがあります。この二つは繋がっています。話し合いがないから、下の人たちはとにかく「怒られないこと」だけ申し上げるしかないわけでして。

まずは、二〇一三年十二月二十一日のハンギョレ新聞の記事をまとめます。

・朴槿恵大統領は当選後、記者会見は一度もなかった（※当選してから約一年後の記事です）
・外国を訪問している時にも、国内マスコミとは会見をしないため（外国マスコミとは普通に行う）、わざわざ同行した国内マスコミは何も書けず、外国マスコミの報道をそのまま書き写すしかない
・国民に伝えるメッセージは、会議の冒頭発言で通知されるが、大統領府はこれについての質問などは受け付けない
・大統領府によると「大統領の原則が信頼感を与えてくれる。これこそが真の疎通」だそうだが、さまざまな意見を集めてその差を調整しないかぎり、信頼は得られないだろう
・「（ある与党議員の話として）重要事案に対して激しく議論し、その責任を取るグループがない。懸案に対する意見や異論を（大統領に）伝える通路もない。だから、一度大統領の意志が決まると、変更や調整ができない。柔軟性が低下するのはコミュニケーションにおいて致命的な弱点だが（でも仕方ない）」

二〇一三年十一月七日、京郷新聞は「大統領府記者たちは死んだ。民主主義とともに」

というコラムで、こう書いています。

「ヨーロッパまで行って、報道内容がどこも同じなら、高い取材費を負担して大勢の記者団が大統領に付いていく理由は何だろう？　内容に違いがあるとすると、誰がより賛美報道を熱くするか、かな？　朴大統領が着くと雨が止んで太陽がギラギラ光るとか、工場を訪問するだけで経済外交をしたと書き、美術館を訪問すると文化外交だと言い、服を着替えるとファッション外交だという賛辞が続く」

「太陽がギラギラ」は何のことかというと、朴槿恵大統領がロンドンに着いた時、歓迎式が始まる頃から天気が晴れたことを（空も歓迎してくれたというニュアンスで）わざわざ記事にした、イーデイリーの記事のことです。「メディアトゥデイ」は二〇一三年十一月二十日のコラムで、この件を「まるで北朝鮮の労働新聞が『将軍様』を賛美する記事のようだ」と皮肉りました。

報道機関への懲戒強行は「チーリングエフェクト（萎縮効果）」

マスコミだけではありません。

彼女の父親である朴正煕大統領の記念館や追悼公園などを作ると発表する自治体が相次ぎ、ある地域の駅名を朴正煕駅にすべきだと主張する騒ぎまでありました。亀尾（グミ）市の市長は「朴正煕様こそ半神半人」と話す見苦しさ。その中には、朴正煕とはたいして縁のない自治体も含まれています。

財閥グループである斗山系列の出版社が出版した高等学校用韓国史教科書から、「ベトナムで民間人虐殺」の部分が著者の同意もなく消される問題もありました。ベトナム派兵は、朴正煕政権の時に行われました。ソウルのある大型教会（メガチャーチ）は、なぜか今になって朴正煕大統領の「第一回」追悼礼拝を開き、牧師が「独裁者がどうとか言うけれど、韓国には独裁が必要です」と演説しました。朴正煕氏はキリスト教に寛大な人だったと言われていますが、別にクリスチャンというわけでもありません。

二〇一四年三月十七日、独立言論社（市民からの寄付だけで運営される非営利言論社）の記者は、「オーマイニュース」とのインタビューで、チーリングエフェクトを指摘しました。

「（大統領への批判意見を集中的に報道した一部の言論が重い懲戒をされた問題で）政府が懲戒を強行する理由は、放送のメッセージを自分たちの管理下に置くという意志であり、放送現場の人たちが〝自ら這う（※恐怖などの理由で抵抗できないで頭を下げるばかりという意味の慣行的表現）〟雰囲気を作るための、いわゆるチーリングエフェクト（Chilling effect、萎縮効果）を狙った行為ではないかと思う」

彼はまた、「現在の朴槿恵大統領の支持率が高いのは、朴政権の完璧な言論掌握と無関係ではない。この社会が転がっていく実情を（国民は）正しく知ることができないからである」とも話しています。

右の記事の時点（二〇一四年三月）では、彼女の支持率は四十五％前後でした。本稿執筆時点での最新情報（二〇一五年一月二十六～二十九日調査）では、二十九・七％まで下がっています。韓国で大統領のレームダック（政治基盤の弱体化）は「支持率三十％未満」だと言われています。一時的な現象なのか、国民が彼女を見捨てたのかは、まだわかりません。

「私に会いたければ私の出した条件を果たすがよい」

聞きたくないことは聞こうとしない「不通」、聞きたいことだけ聞きたがる「阿付」。このような「女王っぷり」は日本との関係でもそのまま現れています。彼女は、最初から「私に会いたければ私の出した条件を果たすがよい」という態度でした。日本との首脳会談の条件として過去史問題、とくに慰安婦問題に対する日本の「真正性」ある措置を掲げたのです。

「真正性」というのは、「嘘のない、真心の～」という意味です。韓国が日本に対して頻繁に持ち出す言葉でもあります。二〇一四年八月二十四日の聯合ニュースに載っていた慰安婦関連記事を一つ、まとめてみます。

・とくに韓日関係の将来は従軍慰安婦問題の解決と実質的に連動されている
・韓国政府内には、日本が来年の国交正常化五十年を控えて、関係改善のために、以前よりも進展したメッセージを持って来なければならないという意見が多い
・イ・ウォンドク国民大学国際学部教授は「慰安婦問題を突破しなくては韓日関係の改善や基本的な関係の変化は容易ではない」、「韓日関係を進展させたい考えがあるなら、日本は真正性ある措置を出さなければならないし、私たちは寛容する態度を示さなければならない」と述べた

真正性って、どうやって判断するのでしょう。それは一方的な基準じゃないですか。何を基準にして決めるのでしょうか。何度謝罪すれば、何度賠償すれば「真正性のある」ことになるのでしょうか。

韓国の言う真正性は、「こちらが正しいと思うことに一方的に合わせろ」という意味でしかありません。韓国人にとって「自分の正しいこと」は「逆らえない根拠」。すなわち「私の出した正統性にお前も合わせろ」と同じです。だから、「こちらがやることは、寛容を施すことだ」と上から目線で言い切ることができるのです。「話し合いで意見を合わせてみよう」な態度ではありません。首脳会談の条件としてそんなものを要求するとは、完全に首脳同士の「上下を決める」、「日本は格下になれ」と言っているようなものです。

第三節　朝日新聞「吉田証言」取り消しへの復讐

産経新聞ソウル元支局長を出国禁止

そんな中、産経新聞元ソウル支局長の加藤達也さんが書いた「朴槿恵大統領が旅客船沈没当日に行方不明。誰と会っていた？」という記事（二〇一四年八月三日）が韓国の市民団体から名誉毀損だとして訴えられる事件がありました。大統領府も「最後まで責任を問う」とこれに同調、加藤元支局長は出国禁止になり、ついに在宅起訴されてしまいます。

記事の内容は、俗に「謎の七時間」、「空白の七時間」と言われる噂についてのものでした。二〇一四年四月、三百人以上が亡くなったフェリー沈没事故、「セウォル号惨事」が起きた時、約七時間の間、大統領がどこで何をしていたかがはっきりしていません。大統領府は資料の提出を拒否しています。この「謎の七時間」は国民の間でもちょっとした話のネタになり、その中には「どっかで男に会っていたらしいよ」というものもありました。もちろん、根拠などなく、うわさ話です。

産経新聞の記事の中で、この件を扱った部分が問題になったわけですが……実際に記事を読んでみると、「大統領が男とラブラブ」という内容はまったくありません。「国民からこんな話をされるほど、大統領は信頼をなくしてしまった」という趣旨のものです。しかも、その記事は、韓国の朝鮮日報、チェ・ボシク記者が書いた「大統領をめぐる風聞（二〇一四年七月十八日）」というコラム記事からの引用でしかありません。

しかし、なぜか朝鮮日報に対しては、市民団体も大統領府も、なにも言わないでいます。この件は世界各国のマスコミから言論弾圧だと非難されましたが、韓国政府は未だ態度を変えずにいます。

加藤元支局長が出国禁止にされたのが二〇一四年八月七日。朝日新聞が吉田清治氏関連記事を取り消したのが二〇一四年八月五日です。これは、「私の出した条件を邪魔するんじゃないよ！」という、明らかな復讐です。韓国では、「極右安倍総理と極右産経新聞」を慰安婦問題の最大の敵とする認識が一般的ですから。

ネットなどの大統領への「名誉毀損」を常時監視

二〇一四年九月には、国務会議で大統領自ら「ネットなどで大統領への名誉毀損がひどすぎる」と発言し、検察は慌ててインターネットやSNS、スマホアプリに至るまで、「常時監視」を宣言するようになります。アプリを運営している民間企業の株価が暴落したりしました。確かに、「自分の後ろには常に断崖があると思っているから、誰かとぶつかることに、彼女は耐えられない」とした京郷新聞の報道は間違いないようです。

韓国は他の「正しい」を認めることができません。他の「正しい」を認めることで、自分の正統性が否定されると思っているのです。だから強権的になります。話を聞こうとしません。自分の聞きたいことだけを、自分を褒めることだけを求めます。現政権の問題は、大韓民国、いや朝鮮半島の歴史そのものでもあります。

第八章　反日韓国と日本外交の行方

第一節 「国」として認められたい北朝鮮の戦略

「日本と断交する」と韓国に言わせせる

この章では、反日韓国に対して日本は「どう対処すべきか」について、自分なりの見解となります。

最近よく「韓国との断交」という主張を耳にします。意見としては理解しますが、個人的には反対です。なぜなら、「それが両国にとって利益になるのか？」という疑問と、なにより「第三者から見ると日本が悪者になる」恐れが強いからです。

それに、もし「国内はもちろん、周辺国及び同盟国との関係において、韓国との断交が日本にとって国益に適う決定的な根拠がある」を前提にして話すとしても、「韓国と断交する」と日本が言い出すことは、外交ではありません。「日本と断交する」と韓国に言わせることが、外交です。

私の持論は、こうです。日本は韓国と外交をするにおいて、ただ隣国だから仲良くしないといけないという、「みんな仲良く」な理想に縛られて、擦り寄ってはいけません。例外や特例など認めず、良いことは良い、悪いことは悪いと、とてもマニュアルな態度で、「基本」に忠実な外交を心掛ける必要があります。私はブログなどでこういう態度を「距離を置く外交関係」と書いてきました。

本書では、その一案として、「北朝鮮での日本外交の影響力強化」を書いてみます。戦争も売春も同じですが、「そこにある」存在をいくら否定したところで、それが消えてなくなったり画期的な解決策が見つかったりするはずがありません。気に入らなくてもあるものはあると認め、「どう管理するか」を考えるべきです。北朝鮮という国も同じです（※私も韓国人として抵抗感はありますが、便宜上これからは北朝鮮のことを〈国〉と書きます）。

北朝鮮は、なぜアメリカとの直接外交を望むのか

アメリカは、北朝鮮との外交においてその重要性を強調しながらも、基本的には「韓国を介しての」対話が望ましいと一貫して主張してきました。とくに核問題などの重い案件

では、アメリカの対北朝鮮外交政策は「strategic patience（戦略的忍耐）」です。北朝鮮が明確に核問題の解決策（放棄、凍結など）を示さないと、制裁解除などは絶対にないという意味です。その過程でも、韓国を含めた六カ国協議を介しての話し合いにしか応じないとしています。なにせ、直接対話できるチャンネルもありません。北朝鮮とアメリカは、外交関係を持っていません。

朝鮮戦争の部分にも書きましたが、北朝鮮も韓国も、お互いを「国と国」としての直接対話だけは認めていません。韓国から見ると北朝鮮が違法占拠集団（反国家団体）であるのと同じく、北朝鮮から見ると韓国がそうであるからです。アメリカの傀儡政府でしかありません（非合法政府、正統政府ではない）。

北朝鮮が望んでいるのは、アメリカとの直接外交です。

アメリカに認められることは、北朝鮮が主張している「連邦制統一」の布石になれます。連邦制統一というのは「一つの民族、一つの国、二つの政府」として朝鮮半島の統一を目指そうというもので、案そのものはずいぶん前からありましたが、一九八〇年に金日成が労働党大会で主張してから有名になりました。二〇一四年にも、北朝鮮の外相が国連総会の演説で連邦制統一を提案したりもしました。南北システムが共存しながら、政府は二つあってもいいんじゃないかという内容です。これは、現実的に北朝鮮中心の統一が無理だと判断してのものだった、と言われています。

もちろん、韓国側は、認めていません。韓国は「韓国政府だけが朝鮮半島の唯一無二の政府（国家）」だとしています。連邦制統一は朝鮮半島に二つの政府があると前提して、北朝鮮も韓国も同格の政府になってしまうから、根本的に合わないということです。「韓国には統一できる力があるのか？」という疑問もありますが、韓国はそんなこと認めません。韓国から見ると正統性に関する問題でもあるからです。庶流でしかないやつ（北朝鮮）が、嫡流（韓国）を差し置いて政府を名乗るとは、厚かましいにもほどがある、と。

とにかく、北朝鮮がアメリカとの直接外交を望んでいるのは、この連邦制統一を見据えて「朝鮮半島において、一つの政府として」アメリカに認められる必要があるからです。北朝鮮は何度も何度もこの手を使ってきましたが、うまくいきませんでした。「まずは韓国との関係改善をしてから」、「まずは南北会談を」と、アメリカがなかなか応じなかったからです。マイナーな表現ではありますが、韓国ではこういう北朝鮮の動きを「通米封南」戦略だと呼びます。北朝鮮とアメリカの間の外交通路である韓国を「無力化」する狙いだという意味です。

第二節 「通米封南」戦略を巡る四つの動き

一つ目の動き：アメリカ内部で噴出「北朝鮮との直接外交を」

ですが、この関係に影響を及ぼすであろう、「四つの動き」が目立つようになりました。

一つ目は、アメリカ内部から、「対北朝鮮政策のやり方が間違っている」という批判が噴出してきたことです。

李明博前大統領と朴槿恵大統領がやったのは、「遮北」外交です。とにかく「韓国の言うとおりにしないと対話などない」でした。一例として、以下、「世界日報」が二〇一四年十月二十二日に報道した「北朝鮮は通米封南をやめて韓国と真正な対話をすべきだ」という記事の一部です。

「重要なのは、やはり北朝鮮の姿勢だ。真正性を持って、南北対話に乗り出さなければならない。韓国はさておき、アメリカとの対話にこだわっても、得られるものは何もない。今までの経験でも確認されている。北朝鮮は非現実的で実効性のない幻を求めず、私たち

（韓国）政府との対話を始めなければならない」

「真正性」がまた出てきました。日本が韓国の「真正性」要求にイライラしているのと同じく、アメリカや周辺国もまた、韓国の北朝鮮に対する「遮断」外交にイライラしているわけです。

今のアメリカは、「問題を解決する」強いアメリカから一歩下がって、「問題を望まない」アメリカになっています。彼らは、韓国のプライドでも統一でもなく、面倒なことが起きない朝鮮半島を望んでいるだけです。中国も、今のところは同じです。そのために必要なのはバランス感覚であり、一方的に北朝鮮を「お断り」する態度ではありません。

二〇一四年七月十四日の聯合ニュースによると、その苛立ちが形になりつつあるようです。

「リベラル志向の学者だけでなく、オバマ政権の元官僚たちまで声を出してきた。現行の対北朝鮮制裁が北朝鮮を孤立化して経済的打撃を与えているのは事実だが、それでは核やミサイル問題に対する制御効果は期待できないという主張である。したがって、北朝鮮をもはや意図的に無視しないで、交渉の枠組みにおびき出せるような外交的歩みを開始すべきだとする要求だ。とくに六カ国協議ではなく、北朝鮮を相手に直接対話に乗り出すべきだと指摘している。戦略的な理解が異なる中国に依存していないで、直接、北朝鮮の正確な意中を把握し、非核化交渉に挑めという意味である。しかし、このような意見はまだワシントンで少数派と言える」

前から同じ指摘がありました。二〇〇六年十一月、韓国語でも放送されている自由アジア放送（Radio Free Asia）とのインタビューで、米国スタンフォード大学付属のフーバー研究所（Hoover Institution）所属で共和党・ブッシュ元大統領政権下で国防次官補でもあったヘンリー・ローウェン主任研究員は、次のように話しています。

「アメリカは北朝鮮との直接対話はもちろん、外交関係も持たなければならない。過去スターリン政権下のソ連とも外交関係を結んでいた。相手国がいくら悪者だとしても、外交関係は持つべきだ」

二〇一一年六月、当時アメリカ上院外交委員長だったジョン・ケリー議員（現国務長官）もＬＡタイムズへの寄稿文で、「アメリカの対北朝鮮外交は、方向性は正しいけどやり方に問題がある」とし、機能不全に陥っている六カ国協議を待つより、「北朝鮮との直接外交を行うべきだ」と主張しました。彼はそれからも、「六カ国協議を開くべきだが、そのためには四カ国や二カ国協議も必要じゃないかな」など、同じニュアンスの発言をしています（二〇一三年）。もちろん、すでに国務長官という立場にいたせいか、「二カ国」が「どこ」と「どこ」なのかはハッキリ言いませんでした。

二つ目の動き：韓国の「親中路線」

二つ目は、韓国の「親中路線」です。

二〇一四年七月、友人Aの家族の方が亡くなり、故人の実家である大邱（デグ）の葬式場に行った時の話です。

最近は専門の葬式場や葬式業者も珍しくありませんが、韓国でいう「葬式場」は、基本的に大学病院など大きな病院の裏側にくっついています。ほとんどは病院側とは関係なく運営されている、一種の「テナント」みたいなものです。葬式に参加する人たちのための専用の飯店などもセットになっていて、便利といえば便利ですが……まるで「病院で患者が死ぬのを待ち構えている」ような感じで、私は好きではありません。あの日も、病院の裏側にくっついている葬式場でした。

宗教によって違うこともありますが（キリスト教は献花と黙祷だけ）、故人の祭壇に、お香を燃やし、韓国では最大級の礼儀である土下座（韓国では「大きな節」と言います）を格式に合わせて行い、扶助（香典のこと）を渡し、食事を取って、帰ってくる。それが韓国の葬式の基本になります。

ただ、あの日は友人の家族の方ということもあるし、私の住んでいる地域からはかなり距離があったため、夜遅くまで葬式でも手伝いながらAと一緒に過ごし、一泊して次の日の朝に帰る予定でした。

夜になって、訪れる人も少なくなった頃、何か飲もうかと食堂に行ってみたら、七～八人が集まって、雑談を交わしていました。たぶんAの親族の人たちだったと思います。面識がなかったので参加はせず、聞くだけでしたが、彼らの会話の中でダントツの話題は、韓国を訪問している習近平《しゅうきんぺい》中国国家主席でした。

そして、その中の、四十代にはなったと思われる男の人が、「私たちは共産主義はダメで、民主主義が素晴らしいと教えられたではないか。でも、実は共産主義のほうが凄いということが中国によって証明されたようなものだよ」と話しました。二十五年前なら、この発言だけで連行＋拷問で人生終わりコースです。

他の人たちも同調しました。「思想より、その国がお金持ちになれるかどうかが現実的な問題だからなぁ」、「確かに、中国はさ、～年には米国よりお金持ち国家になるそうじゃないか」、「そうそう、大きな金融会社がそう言ってたらしいね。ユダヤ人が言ったから間違いない」、「今のようだと、日本と戦争して勝てるのは中国だけだしな！」と。

驚きました。慶尚北道や大邱を含む地域は、右派（保守）、その中でも軍事政権からの与党支持が強い地域です。彼らが慶尚道地域の人たちだったかどうかはわかりませんが、まさか大邱で共産主義や中国を持ち上げる話を聞くことになるとは、思ってもみませんでした。

もちろん、あの食堂に集まっていた人たちが変わり者だった可能性もなくはないし、習近平の訪韓で一時的に盛り上がっていただけかもしれません。

なぜ「親中路線」に熱心なのか

でも、「親中」感情は確実に広がっています。

「アジア経済」二〇一四年七月三日の記事（元のデータは「牙山政策研究院」というシンクタンクが二〇一四年七月二日に発表した報告書）によると、韓国人が持っている中国への好感度は、もはやアメリカに追いつくところまで来ています。

韓国民が中国に対して持っている好感度は十点満点で四・四五点。もっとも好感度が高い国はアメリカですが、最近数年間の平均値は五点台です。しかも「今後の韓中関係はさらに良くなる」という回答も七十・八％に達し、韓国民の中国に対する認識は完全に変わりつつあるようです。

韓国人は中国が「好き」なのか？　というと、少なくとも私が知っている限りだと、そうではありません。中国人を卑下する「チャンケ」という差別用語が何気なく使われているのはもちろん、中国発の食品関連の問題や大気汚染、漁船の違法操業問題（韓国も人のこと言えませんが）、中国人労働者による犯罪、離於島（イオド）という島（島というより、暗礁ですが）の領有権や、韓国の国歌である愛国歌にも出てくる白頭山（中国では長白山と言います）の半分が中国領土になっている問題、などなど、韓国人が中国という国に対して持っているイメージは、あまり良いものではありません。それに、なにより、中国は朝鮮戦争のこともあるし、「反共思想」の対象でした。

しかし、日本に対しては千年経っても許さないという国が、なぜ中国にはあっさりと態度を変え、こうも「親中路線」に熱心なのか。そこには大まかに三つの理由があります。

韓国の反日思想に同調してくれる中国は仲間

その一は、反日です。

反日思想があまりにも強大になりすぎて、韓国の反日思想に同調してくれる中国を仲間だと思うようになったのです。日本の集団的自衛権などに賛成しているアメリカは、相対的に嫌われるようになりました。

二〇一四年七月十日。ソウルで予定されていた日本の自衛隊関連の式典が、一日前に急遽中止になりました。在韓日本大使館は、七月十一日、ソウルのロッテホテルで、自衛隊創設六十周年記念式典を開催する予定でした。日本の皆さんもよく利用するという、ソウルの地下鉄二号線「乙支路入り口」駅のすぐ近くにある、あのホテルです。式典というのは自衛隊創設記念式で、毎年やっているものでした。ただ、二〇一四年は自衛隊創設六十周年を記念して、公開行事を準備していたわけです。

しかし、会場になるはずだったロッテホテルが、なんと前日に、式典をキャンセルする（式場を提供できない）と発表しました。すでに五百人以上に招待状が送られたあとで、まさに「ドタキャン」でした。この件は、日本側もロッテホテルはもちろん、韓国政府にも抗議したと聞いています。

キャンセルの理由は、日本の集団的自衛権などによる韓国内の「国民感情」の悪化。ロッテホテルは、「式典の正確な事前情報や確認なしに業務を進め、国民の皆さんに心配をかけました」と、韓国民に謝罪声明まで出しました。自衛隊の式典なんかに場所を貸そうとして申し訳ございませんでした、ということですね。

しかし、それから二週間後。「国民感情がどうたら」のロッテホテルが、七月二十五日、中国大使館主催の「人民解放軍記念式典」には何の問題もなく場所を提供しました。ちょうど自衛隊式典が行われる予定だったあのホールでした。もちろん、この件に文句を言う人はいませんでした。

「経済」は中国に、「安保」はアメリカに頼る現実

その二は、経済的な問題です。

韓国は、国のＧＤＰのほとんどを貿易に頼っています。そして、その貿易の最大の対象

国が、中国です。二〇一四年六～九月期基準で、韓国のGDPにおいての貿易比重は九十三・五％に及びます。絵に描いたような貿易依存型経済です。特に、経常収支黒字の七十％を中国との貿易で得ています（二〇一三年基準）。まさに、韓国の経済の命運は中国に握られていると見ていいでしょう。二〇一四年十一月、韓国と中国はFTAを妥結しました。韓国は、経済と安保という二つの「現実」を、それぞれ中国とアメリカ、まったく思想の違う二つの大国に頼っているわけです。

「五星紅旗」に土下座（大きな節）する保守団体

その三は、「反共思想」の強いはずの保守勢力が、親中路線への牽制にならなかったことです。

二〇一四年七月九日の「韓国日報」の記事から、部分引用します。

・韓国で保守と言われる人々にはいくつかの特徴があるが、そのうちの一つが過度に親米的だということだ。彼らの米国への愛は世界的にも例を探すのが難しいほどだが、彼らの親米的な思考と態度を集約的で象徴的に見せてくれる行動こそが「集会で星条旗を振りかざす」ことだろう。三一節と光復節にも星条旗を振ったりする

・知名度の高いいくつかの保守団体が、共同で習近平中国国家主席の訪韓を積極的に歓迎したのは、実に意外だ。彼らは歓迎声明を発表し、駐韓中国大使館の前で太極旗と中国の国旗である五星紅旗を振りかざすパフォーマンスをし、太極旗と五星紅旗に向かって土下座（大きな節）までした

・専門家たちは、習主席の訪韓が米国の北東アジア戦略に対抗して行われるものであると強調した。なのに、集会の時に星条旗を振りまくってアメリカへの愛を表出してきた保守勢力が、習主席の訪韓を歓迎するのは、つじつまの合わないことだ

・これは、彼らが習主席の訪韓を、北朝鮮に対する中国の警告として見た結果でもあろう。もう一つは、保守勢力が、彼らが選んだ朴槿恵大統領がすることだから、無条件で支持したという心理もある

記事は、「でも、こういう動きは、親米から離れて中国とのバランスを取ることだから、望ましいものだ」という結論に向かいます。他国の国旗に土下座するのを望ましい動きだ

というのも凄いですが、それ以前に、「無条件で支持した」とは、凄い話ですね。彼らが大事にしているのは「国（安保意識）」ではなく、「人（朴槿恵大統領）」のようです。これも一種の阿付なのでしょうか。

この韓国の親中路線は、韓国という国への信頼と、朝鮮半島問題で中国に頼る姿勢において、アメリカに大きな危機感を与えました。

三つ目の動き：北朝鮮で広がる「反中路線」

三つ目の動きは、こんな韓国の「親中」路線とは逆に、北朝鮮で広がっている「反中」路線です。

最近、北朝鮮関連の情報で反中感情を覗くことは難しくありません。二〇一一年一月七日、韓国のニュース通信社ニューシースが、「NK知識人連帯（脱北知識人たちが作った脱北者団体の一つ）」からの情報などを引用して報道した記事を、再構成してみます。

二〇一〇年十二月、「新鴨緑江大橋」という橋の着工式。いつもなら「我らが国の経済的発展を象徴する首領様の偉業であります（うるうる）」と崇拝に近い支持を送るはずの北朝鮮の住民たちですが、「中国に資源を運ぶためのものにすぎない」と、なんと否定的な立場を示しました。

何があったのでしょうか？　彼らは、無煙炭や鉄鉱石など北朝鮮の地下資源が中国に渡ることを懸念していました。聞く所、中国の対北朝鮮投資は北朝鮮からの資源獲得を中心に行われており、またその利益が住民たちには何の役にも立たない（指導部の私腹を肥やすのみ）ため、現場の人たちには新鴨緑江大橋が中国の資源「収奪」のためのものにしか見えなかったのです。

奪われる資源は海でも同じです。北朝鮮が二〇〇八年から中国に開放した東海岸（日本海のほうの海岸）の漁場では、中国の漁船が境界線よりも深いところまで入って魚類など海の資源を貪り、北朝鮮の漁船を襲う海賊行為まで行っています。しかし、中国の漁船は北朝鮮の高位層の庇護を受けているし船も早いため、北朝鮮海軍はいつもバカにされました。

二〇一〇年十月、ついに我慢の限界を超えた北朝鮮海軍の警備艇が、船を改造して高速化し、不法操業していた中国漁船を公海まで追いかけて逮捕する事件が発生しました。中国漁船船長から連絡を受けた北朝鮮軍上層部の命令は「今すぐ中国の漁船を放せ」というものでしたが、現場の海軍は命令を無視し、中国の船員たちを五時間以上も抑留・暴行、船の中にあるものは全部没収したあとに放しました。

もちろん、この警備艇の乗務員たちは、帰港後、懲戒を受けました。記事によると、この件で「北朝鮮の兵士たちは、『上層部の売国奴どものせいで、目の前にある祖国の海まで中国の奴らに奪われた』と激怒したと伝えられている」と。

「中国人は北朝鮮にはゴミしか売らない」

どこの国でも同じですが、中国の低価格不良製品の流通も反中感情の理由の一つです。中国製だからといって全てが低品質なわけではないでしょうが、北朝鮮にはとくにありえない品質のものが流入するそうです。

一九九〇年代の「苦難の行軍（自然災害や国際的孤立などで大勢の餓死者が発生した時期）」からそうでした。肥料など中国製不良品の副作用事例が相次いで起こり、反中感情を心配した北朝鮮の国家安全保衛部（北朝鮮の秘密警察組織）は「南朝鮮の安全企画部が中国の製品に毒を入れた」と話にもならないデマを流して誤魔化したこともあります。

しかし、最近は北朝鮮と中国との往来が増え、中国製の実態を隠すことはできなくなりました。同記事によると、「『中国の人は、自分たちが使うものはちゃんと作り、朝鮮（北朝鮮）にはゴミしか売らない』という認識ができて、反中感情が広がっている」とのことです。

また、以前のように大規模の支援が得られるわけでもありません。

二〇一〇年金正日《キムジョンイル》委員長が二回も中国を訪問した時、住民たちがもっとも期待していた訪中成果である食糧支援の話は、何もありませんでした。住民たちは「元気でもない委員長が二回も訪問したのに何も得られなかったのか」と、失望を隠すことができませんでした。

技術面でも同じで、中国は約束した生産技術工程などを提供しないでいます。中国の技術提供の約束が守られず、生産がままならないでいるガラス工場のことで、金正日氏は、「工場ごと爆破してしまえ」と大声を出したと言われています（二〇〇七年）。その工場は、一時は「中朝親善の象徴」と呼ばれていました。

いわば、同志（仲間）だと信じていた中国の傲慢な態度が、北朝鮮住民たちにはそのまま「裏切られた」という失望となり、対中感情の悪化に繋がっているわけです。

「中国は戦時には敵になる」と思想教育を受ける北の軍人

そして、記事本文で私が何より驚いたのは、「北朝鮮の軍人たちも、中国は友好国ではなく、戦時には敵になるという思想教育を受けており、中国に対して良い感情を持っているわけではないことが分かった」という一行でした。

情報源を変えてみると、「The Wall Street Journal」の二〇一三年十二月十七日付「北朝鮮の処刑が中国を混乱させている（North Korea Execution Confounds China）」という記事が気になります。

記事は北京大学国際関係学部のZhu-Feng教授、中国開発研究所のZhang-Qi研究院の見解などを紹介しながら、北朝鮮の実力者だった張成沢（チャン・ソンテク）氏が処刑された件が、中国と関連していると指摘しています。

・中国が北朝鮮との国境地帯にある経済特区に投資してきたのは、親中派であり、同時に親企業的な張成沢のおかげだった

・中国の指導者たちは、北朝鮮が処刑の理由としている「張成沢は石炭などの地下資源を安値で売り、羅先経済貿易地帯を五十年の期限で外国に売っぱらった」という主張に注目している

・中国政府は、金正恩《キムジョンウン》が張成沢のように中国と密接な関係を持たないでいる点に留意している

実際、中国は、まだ金正恩氏と首脳会談を行っていません。この動きは、そのまま北朝鮮の焦りになりました。中国を牽制するには、早くアメリカと外交関係を持たないといけない、と。

四つ目の動き：拉致被害者問題の解決へ

最後に四つ目は、言うまでもなく、日本が拉致被害者問題の解決に動いたことです。

以下、中央日報系列の月刊誌「月間中央」二〇一四年七月号の「打って出る日本、見てるだけの韓国」という記事をまとめてみます。今までの三つの流れと合わせると、面白い

（?）と思います。

・「安倍外交」に、また驚かされた。（二〇一四年）五月二十九日発表された日朝合意のことだ。どう見ても解決策など見えなかった拉致問題に関し、北朝鮮が再調査を実施し、日本は対北朝鮮制裁措置の一部を解除する内容だ

・今回の日朝合意は、拉致被害者など「日本人に関連する問題」と「在日朝鮮人の地位に関する問題」に範囲を限定し、北朝鮮の核・ミサイル問題が含まれていないのも特徴だ。拉致問題に集中すると、双方、動ける余地がほとんどないため、これらの難点を克服するアイデアを作り出したのだ

・北朝鮮と日本は、何よりも中国との関係において外交的突破口が必要である点で利害が一致したのだろう。北朝鮮は金正恩に権力が移って二年半になるが、中国との首脳会談がまだできずにいる。習近平中国国家主席が七月、北朝鮮や日本に先立って韓国を訪問することも、日朝双方を刺激したはずだ

・日朝関係が進展すれば、韓国に対する外交的立地も有利になるという計算があっただろうし、それぞれ国内政治的に活用できるという意図もあっただろう。今まで、北朝鮮に

対する説得は、主に中国の役割に大きく依存してきた。しかし、今後は日本も北朝鮮に駐在する自国のチャネルを介して一定の役割をすることができるようになる。また、そうなれば、北朝鮮に対する中国の排他的立場は少しずつ低下する可能性がある。朝鮮半島問題で日本の存在感が徐々に拡大していく可能性が生じたのだ

・このような状況で、韓国も積極的で、主導的な外交的イニシアティブを示す必要がある。そうしなければ、朝鮮半島をめぐる戦略環境の目まぐるしい変化の中で、韓国の役割は衰退していくしかない。日朝合意にもかかわらず、「近いうちに日朝国交正常化が行われるのは難しいので、朝鮮半島にも大きな影響はないだろう」とする韓国側の判断は、安易すぎる

・もちろん、北朝鮮の誠意のない態度のために、日朝合意が無駄になる可能性もある。拉致問題にある程度の進展があったとしても、日本の国内世論を納得させることができなければ、日朝関係は再び壁にぶつかる可能性もある。しかし、これとは別に、日朝双方の動き自体が朝鮮半島情勢に招くであろう変化を、（私たちは）もっと敏感に読み取るべきである

日本には拉致被害者問題という、最優先課題があります。それは人権問題であり、主権問題でもあります。

あくまでその「二の次」ではあるものの、北朝鮮での日本の外交力強化は、そのまま中国や韓国と「距離を置く」外交になれるでしょう。記事の題を借りると、「打って出る」ことで、むしろ距離を確保できるとは、皮肉な話ですが。

第三節　韓国が「断交」よりも恐れる外交関係

韓国は半万年歴史の「正統性」を継承、北朝鮮は「リセット」を強調

本当は、私は、「韓国が担っている北朝鮮とアメリカの間の外交の役割を、日本が完全に取ってしまってはどうか」とまで考えています。

北朝鮮↓アメリカはアメリカがダメだという。北朝鮮↓韓国↓アメリカは北朝鮮がダメだというし、韓国は真正性うんぬんだけ。では、北朝鮮↓日本（必要な場合は↓アメリカまで）はどうかな？　という話です。

それこそ、中国に対する牽制にもなり、東北アジアでの日本の外交力強化はもちろんのこと、韓国が「断交」よりも恐れる形の外交関係になるでしょう。北朝鮮問題の「管理」という側面でも、今までより一層バランス良くなると思います。

しかし、いろいろ考えてみると、ここ「本当は～」の部分は、「望んではいるけど、下手に主張できない」ことが悔やまれます。なにせ、相手はあの「ならず者国家」、北朝鮮

ですから。最後に、拉致被害者問題の進展及び解決を心から願っておりますことを、ここに書かせてください。

「民族正統性」よりも重要な金日成氏の神格化

ついでになりますが、北朝鮮側は例の「民族正統性」についてはどう思っているのか？　ということを書いておきます。韓国が半万年歴史の正統性を継承することに拘《こだわ》っている半面、北朝鮮は「リセット」を強調しています。

二〇一四年七月十五日『プレシアン』に掲載された圓光大学政治外交学部のイ・ジェボン教授の寄稿文がちょうどいい説明になるでしょう。

「……北朝鮮が以前の国である朝鮮を継承しているのかというと、継承していない。以前の国との連続性はない。南北（分断）が確立された一九四八年以前の国なら、一八九七年の大韓帝国が挙げられるが、これは一三九二年の朝鮮の（歴史の）一部として見るのが適切である。朝鮮も大韓帝国も一九〇五年に日本に外交権を奪われ、一九一〇年には主権を奪われるなど、滅びてしまった。だから、継承することができなかった（＝北朝鮮は民族正統性の断絶をある程度は認めている）。参考までに、韓国は憲法前文に一九一九年三・一運動で建立された上海臨時政府の法統を継承すると明らかにし、辛うじて亡命政府を持って以前の国との連続性を強調しているが、北朝鮮は、憲法の序文に金日成が北朝鮮の『創建』であり、『始祖』であると明示することにより、以前の国との連続性をあえて無視している」

半万年の歴史とか、反日とか、民族正統性とか、そういうものは北朝鮮でも主張されていますが、彼らにとってそれ以上に重要なのは、金日成氏の神格化だったわけです。北朝鮮の民族主義は後に民族自主などを謳う「主体思想」というものとして確立されますが、それも民衆に独裁を認めさせるための道具に成り下がってしまいます。

主体思想そのものが変質したと、その設計者である黄長燁（ファン・ジャンヨプ）氏が韓国に亡命してきたのは記憶に新しいですね（一九九七年）。

今の北朝鮮は、金正恩氏の正統性をはっきりするために必死です。北朝鮮労働党機関紙の労働新聞は二〇一四年十一月二十二日、「偉大な金正日同志は白頭山大国の千年の未来を開いておいた絶世の愛国者である」というバカげたタイトルの論説で、「（金正日の）最も輝かしい業績は、指導（者）の継承問題を完全に解決されたことだ」、「大元帥様（金日成・金正日）と金正恩同志は同じ『白頭の血統』である」ことを強調しました。同日の聯合ニュースは、これを「金正恩世襲の正統性を強調するためだ」と分析しています。

終章　未来のために私にできる二つのこと

「過去に、あの時に戻りたい」という願望

私たち人類が作り上げたもっともユニークな文化の一つに、「嘘を楽しむ」というものがあります。映画やアニメ、演劇、マンガや小説などなど、私たちは嘘の物語を見たり聞いたりしながら、笑い、泣き、それをより良き明日を生きるためのエネルギーに変えます。嘘を「使える」形に仕上げ、それを楽しんでいるわけです。何とも素晴らしいことです。いったい、私たち人間以外のどの生き物に、こんな真似ができましょうか。

その「使える」形には、いろいろありますが、まず思いつくのは「代理満足」です。私たちが叶えたいことを、でもできそうにないことを、アニメや映画の中の人物が見事に叶えてくれる満足感は、嘘だとわかっていても、なかなかのものです。揺らぎない正義の心、空が飛べ、岩をも砕く超能力、不思議な魔法のステッキ。子どもの頃、誰もが憧れたヒーローやヒロインの姿です。

その中でも、世界的に愛されている日本発コンテンツである「ドラえもん」こそが、私たちの願いをもっとも（代理で）叶えてくれるキャラではないでしょうか。なにせ、未来

からやってきたこのネコ型ロボットは、タイムマシーンを持っているのです！　ドラえもんの世界には本当にさまざまな未来の道具が描かれていますが、もしその中でもっとも凄いのを一つ選べというなら、私は迷わずタイムマシーンを選ぶでしょう。

過去に遡《さかのぼ》って、気になることを書き換えることができる能力。ある出来事を消し去りたい、別の選択をしたい。誰もがそのような願いを持っていることでしょう。それが、誰の部屋にも身近にある「机の引き出し」でできてしまうという絶妙なシチュエーションが、ドラえもんの長きに渡るヒットの要因の一つではないでしょうか。今は別の歌になっていますが、まさに「できたらいいな」を叶えてくれるわけです。

アベノミクスが始まる前に株を買っておいたら……というロマンのないものから、あの時にあの子に告白しておいたら今頃……というロマンのあり過ぎで困るものまで、私たちは「過去に、あの時に戻りたい」という願いを抱えています。その願いは、まさに人の数だけあるでしょう。

自分という存在の「正統性」

しかし、過去を変えることが、いつもドラえもんみたいにハッピーエンドで幕を閉じるのかというと、そうでもありません。「使える嘘」のもう一つの形に、「教訓」があります。願望が過ぎてしまうと結局は失敗してしまうという教訓を与えてくれる物語……同じく映画やアニメでありながら、「そんなことがうまくいくはずはない」という、一種の「叱り」を強調する作品もあります。

いろいろな作品名が思い浮かびますが、やはりここは、「バタフライ・エフェクト（The Butterfly Effect、二〇〇四年劇場公開版）」を紹介すべきかと思います。タイトルになっている「バタフライ・エフェクト」というのは、小さな行動が遠い場所・未来に大きな変化を起こすこともある（蝶の羽ばたきが台風になることもある）というカオス理論です。

主人公の青年は、ちょっとした条件は必要ですが、過去に戻れる不思議な能力に目覚めます。彼は、過去にいろいろと心残りがありました。あの時に戻って、あの出来事を書き換えたい！　そう思った彼は過去に戻り、自分を苦しめていた出来事を書き換えます。ですが、過去の一部を変えても、未来は彼が望む形にはなりませんでした。

例えば過去に戻って友を救っても、それが原因で人々の運命が変わり、未来では別の誰かが不幸になっていたりします。何度も過去を変えたけど、「皆を幸せにする（主人公が過去に戻って父親に会った時に話したセリフ）」未来はなく、相応の犠牲を払った分、大事なものを取り戻した、当たり前の未来があるだけでした。

世の中には、意外なところで、意外なものがまた意外なものと繋がっていたりします。占い師たちには、「世の中に偶然はない」という信念があると聞きます。「ある日ある場所で客と占い師が出会い、客がタロットカードを一枚選んだ。それは決して偶然ではない。必然であり、何か意味がある」。

そういう信念の中で、その意味を見出すことが占いであるとのことです。考えてみれば、仏教で言う「因果」というものも、韓国の諺である「炊けてもいない煙突から煙が出るものか」も、群盲評象も、パノラマレントゲンも、同じ趣旨を持っているのかもしれません。

現在は、過去から続いてきた結果であり、同時に、未来に向かっている原因でもあります。それはアナログな「線」であり、決して一つの「点」を変えることでガラッと変わってしまうデジタルなものではありません。それらの出来事が繋がり、今の自分が存在しています。それこそが、自分の誇りであり、自分という存在の正統性です。それが集まって、街になり、国になります。

日本を「絶対悪」とすることで、民族正統性は「絶対善」として成立

「日本さえなかったら！」と、この地に生まれて今まで何度耳にしたことでしょう。一週間前の夕食に何を食べたかすらも忘れていたりする私たち人間が、世の中で「知っている」と言い切れる事柄はどれくらいあるのでしょうか。何かがうまくいかなくて苦しい時、「あの時、あれさえなかったら！」と怒るのは自由ですが、本当にそれだけで「現在」が幸せになっていることでしょうか。

繰り返しになりますが、韓国人は「(自分で)正しい」という主観的な判断を正統性、すなわち「根拠」としています。そして、その「正しい」を確固たるものにするために求めるものがあります。それが、「正しくない」存在、すなわち絶対悪です。絶対悪の反対になることで、自分が絶対善になれます。

韓国にとって、その絶対悪は日本です。民族正統性そのものが反日から始まったからで

す。自分たちに有利な要素ばかりで、考古学的根拠などは無視されています。併合時代を前後しての法的手続きにも矛盾しています。それでも、嘘をついてでも「日本」を絶対悪とすることで、民族正統性は絶対善として成立しています。それを受け継いだ（と主張している）のが大韓民国です。

しかし、そんなやり方で「自分」を見つけることはできません。自分が見つけられないから過去ばかり気にすることになります。いずれ動揺します。自分が見下されていると思い込み、強権的になります。これは韓国人が命より大事にしている「体面（面子、プライド）」とも関わっています。そうやって、どんどん、どんどん、「自己肯定」の仮面を被った「自己否定」の沼にハマっていきます。

「愛国」と「反日」の区別すらもできない

人の悪口ならいつでもできるのに、自分の良さについては何も言えない人がいます。他人に何か良いことがあった時、素直に拍手を送ることができない人もいます。あるいはその対象が不特定多数にまで広がり、「私だけが世の中の真理を知っている。他は全部間違っている」と、怪しい宗教に深入りした人のような反応を見せる場合もあります。

韓国がまさにその状態で、韓国人は「自意識過剰」とよく言われます。しかし、それが「自分への肯定が過ぎるだけ」なのかというと、そうでもありません。相手への非難ありきの、「反」になりえる相手が存在してこその自己肯定なら、ある意味、それは自分自身の存在への否定でしかありません。非難できる「反」側の存在がないと、自分を肯定できなくなってしまい、いつまでも自立できない弱くて脆《もろ》い存在のままです。

その弱さは何かの嘘や美化、または刺激の類、例えばさらなる憎しみを求めるようになります。

「日本が嫌い」ではなく、「日本が嫌いでないといけない」になります。

永遠に終わらない、終わってはいけない、終わったら自分を肯定できなくなる果てしない憎しみ、「恨（ハン）」になります。

「自分への肯定」と「相手への否定」の区別がつかないこの歪みは、「愛国」と「反日」の区別すらもできないほどになりました。とくに韓国の子どもたちは、もう反日が祖国を愛すること、とても良いことだと思っています。誰も「別の見方（≠別の正しさの可能性）」を教えないからです。

日本もこれから、長く封印されてきた「愛国」という言葉が少しずつよみがえると思いますが、同じ歪みが出来上がらないように気をつけないといけません。

拙著にもブログにも何度も書いてきたことですが、「愛国も愛であるかぎり、何かを憎むことで手に入るものではありません」。愛国であるからこその反対勢力との衝突ならあるかもしれませんが、衝突を望んでの愛国であってはなりません。

この順番の差は、十年後二十年後五十年後、次の世代、次の次の世代の精神世界に恐ろしいまでの差を刻むことになります。いや、日本なら、うまくできるでしょう。

一九四八年八月十五日を「建国節」にすべきだと主張する人たち

朝鮮半島の歴史に常に取り憑いていた「正統性」たる亡霊……韓国が誇る半万年の民族正統性。今まで、それが、反日思想に、この国の人たちにどれだけ真っ黒な影を落としているのか、自分なりに論じてみました。

「韓国も政権が変われば、反日も弱まるだろう」……それがいかに浅い考えなのか、それだけでも伝わっていればいいのですが。この亡霊があるかぎり、韓国で反日が消えることはありません。絶対にありません。

最後に、ほんの少しポジティブな話でもいたしましょうか。

不幸中の幸い、このような韓国の民族正統性主張に矛盾を感じているのは、私だけではありません。少数ではあるものの、「建国節（建国記念の日）」というものを主張する人たちがいます。北朝鮮にも中国にも、建国記念の日（またはそれに準ずるもの）があります。しかし、韓国にはありません。だから、一九四八年八月十五日を「建国節」にすべきだという主張です。

その中の一つ、韓国学中央研究院のY名誉教授が二〇一三年十二月に「大韓民国歴史博物館」の定期刊行物に寄稿した「大韓民国の起源」を、短くまとめてみます。

・建国についていろいろな主張がある大韓民国は、人間で言えば、誕生日が存在しないか、誕生日が複数ある奇妙な人間である
・大韓民国の建国は、国の構成の必須要素を完全に備えた一九四八年八月十五日に行われたことに議論の余地などありえない
・上海臨時政府や統合臨時政府などは、どれも、国家ではない

二〇一三年七月の『現代史の広場』には、ソウル大学のA名誉教授が「建国・産業化・民主化の歴史を抱くべきだ」という寄稿文で「大韓民国の建国は一九四八年であるにもかかわらず、建国節が存在しないことにより、その正当性と正統性が挑戦を受けている」という趣旨を書きました。

どうみても一九四八年八月十五日が「大韓民国」が建国された日であろう。臨時政府が何だ？　今私たちが生きているこの国の誕生日を否定するな！……しかし、このような主張は、韓国では抹殺されます。大悪人にされます。

二〇一四年九月三日、韓国日報はこの寄稿文を非難しながら、「極右学者が臨時政府の正統性を否定した」と報道しました。「単独報道」と、まるで、隠れている悪党でも見つけ出せたお手柄自慢のように。それでも、少数の知識人たちは、精一杯の抵抗を続けています。

情けないことではありますが、私にできることは、二つだけです。

一つは、祖国を悲しむことあれど、憎むべからずと自分自身に言い聞かせること。

もう一つは、あなたがこの本を手にとってここまで読んでくださったことが、決して偶然ではないと信じることです。例え本書が蝶の羽ばたきにすぎない、微力なものだとしても、きっとどこかで誰かの役に立つであろうと、信じることです。

過去ではない、未来を問う（統）ために。

シンシアリー (SincereLEE)

1970年代、韓国生まれ、韓国育ちの生粋の韓国人。

歯科医院をやっている。

母から日韓併合時代に学んだ日本語を教えられ、子どものころから日本の雑誌やアニメで日本語に親しんできた。また、日本の地上波放送のテレビを録画したビデオなどから日本の姿を知り、日本の雑誌や書籍からも、韓国で敵視している日本はどこにも存在しないことを知る。

アメリカの行政学者アレイン・アイランドが1926年に発表した「The New Korea」に書かれた、韓国が声高に叫ぶ「人類史上最悪の植民地支配」とはおよそかけ離れた日韓併合の真実を世に知らしめるために始めた、韓国の反日思想への皮肉を綴った日記「シンシアリーのブログ」は1日15～20万PVを超え、日本人に愛読されている。

富士山、東京、横浜など、度々の日本旅行を何よりも楽しみにしている。

初めての著書『韓国人による恥韓論』第二弾『韓国人による沈韓論』(扶桑社新書)はシリーズ30万部超のベストセラーとなる。

扶桑社新書 178

韓国人が暴く黒韓史《くろかんし》

発行日 2015年3月1日 初版第一刷発行

著　者………シンシアリー
発行人………岡部要一
発行所………株式会社 扶桑社
〒105-8070 東京都港区海岸1-15-1
電話 03-5403-8870(編集)
03-5403-8859(販売)
http://www.fusosha.co.jp/

DTP制作………株式会社 Office SASAI
印刷・製本………中央精版印刷株式会社

Printed in Japan ISBN978-4-594-07226-1